REISE DES DENKENS

Eine philosophische Betrachtung der Reise des Denkens

Kapitelübersicht:

Philosophie, dieses alte und komplexe Wort, entstand als eine Form des logischen und kritischen Denkens aus dem Bedürfnis des Menschen, die Welt und seinen Platz darin zu verstehen. Der Mensch war von jeher mit grundlegenden Fragen über das Dasein, die Natur, das Leben, den Tod und den Sinn konfrontiert. Diese Fragen und der Versuch, Antworten darauf zu finden, waren der erste Funke der Philosophie.

Tatsächlich ist die Philosophie ein Werkzeug, durch das Menschen grundlegende Fragen des Lebens beantworten, ihre Beziehungen zu anderen und zur Welt verstehen und neue Wege des Denkens und Handelns finden können. Philosophie zeigt nicht nur die Geschichte des menschlichen Denkens, sondern wird auch heute noch als ein Mittel zur Lösung komplexer menschlicher und sozialer Probleme eingesetzt.

Die Philosophie ist wichtig, weil sie den Rahmen und das Werkzeug bereitstellt, durch das Menschen die Welt, sich selbst und ihren Platz im Universum besser verstehen können.

Philosophie beantwortet Fragen, mit denen jeder Mensch im Leben konfrontiert sein könnte:

• Wie ist die Welt entstanden?

• Gibt es eine absolute Wahrheit?

• Was ist der Sinn des Lebens?

• Was ist richtig oder falsch?

Indem die Philosophie diese Fragen behandelt, hilft sie dem Menschen, eine klarere Sicht auf das Leben und das Dasein zu entwickeln.

Philosophie fördert die Fähigkeit zu logischem Denken, kritischem Hinterfragen und Analyse. Diese Fähigkeiten helfen dem Menschen, falsche Überzeugungen und Vorurteile zu vermeiden, starke und kohärente Argumente zu entwickeln und komplexe Probleme auf eine methodische Weise zu lösen.

Eine der wichtigsten Funktionen der Philosophie ist die Untersuchung der Natur von Werten und Ethik. Philosophie hilft den Menschen, Kriterien zu finden, um zwischen richtig und falsch zu unterscheiden, eine gerechtere

Gesellschaft auf der Grundlage ethischer Prinzipien zu schaffen und mit anderen respektvoll und verantwortungsvoll zu handeln.

Durch die Untersuchung von Themen wie Wissenschaft, Kunst, Politik, Religion und Gesellschaft vermittelt die Philosophie dem Menschen eine umfassende Perspektive. Diese Perspektive hilft, die Verbindungen zwischen diesen Bereichen besser zu verstehen und fundiertere und bedeutungsvollere Entscheidungen zu treffen.

Philosophie ist die Grundlage vieler moderner Wissenschaften. Zum Beispiel war die philosophische Logik der Ausgangspunkt für die Entwicklung der Mathematik und der Informatik, und die Naturphilosophie war die Grundlage für die physikalischen Wissenschaften.

Philosophische Fragen über den Geist und das Bewusstsein haben zur Entstehung der Psychologie und der kognitiven Wissenschaften beigetragen.

Durch die Untersuchung von Konzepten wie Tod, Liebe, Zeit und Freiheit hilft die Philosophie den Menschen, eine tiefere Bedeutung für ihr Leben zu finden. Diese Sinnfindung kann den Menschen dabei unterstützen, Herausforderungen im Leben zu begegnen und ein größeres Gefühl von Zufriedenheit und Ruhe zu erfahren.

Die Philosophie spielte im Laufe der Geschichte eine grundlegende Rolle bei der Gestaltung von Kultur und Zivilisation. Philosophische Ideen legten die Grundlage für politische und rechtliche Systeme, führten das künstlerische und literarische Denken und stärkten soziale Beziehungen und menschliche Prinzipien.

Philosophie ist wichtig, weil sie dem Menschen hilft, anstatt im Unwissen zu leben, mit Fragen und Reflektion ein bewussteres, bedeutungsvolleres und ethischeres Leben zu führen. Aus diesem Grund hat die Philosophie in der Geschichte der Menschheit immer eine wesentliche Rolle gespielt und wird dies auch weiterhin tun.

Warum ist Philosophie wichtig?

Philosophie ist eines der grundlegendsten Gebiete des menschlichen Denkens, das seit der Antike versucht, Antworten auf fundamentale Fragen über das Dasein, die Wahrheit, den Sinn, die Ethik und den Platz des

Menschen in der Welt zu finden.  ...ung der Philosophie im Leben lässt sich aus verschiedenen Grün... ...n, die ich im Folgenden ausführlich erläutern werde:

Tiefere Erkenntnis von sich selbst und der Welt

Philosophie hilft uns, anstatt blind Glauben und Überzeugungen zu akzeptieren, grundlegende Fragen über das Dasein und den Sinn des Lebens zu stellen. Durch Philosophie können wir über die Natur der Realität, unseren Platz in der Welt und den Sinn des Lebens nachdenken. Diese Fragen führen den Menschen zu einer tieferen Selbstkenntnis und der Entdeckung der wahren Ziele des Lebens.

Beispiel: Sokrates, der griechische Philosoph, sagte: „Ein unbelebtes Leben ist nicht lebenswert." Dieser Satz erinnert uns daran, dass das Nachdenken über das Leben, Reflexion und Fragen die Qualität des Lebens erheblich verbessern können.

Philosophie lehrt uns durch die Ausbildung in Logik und Argumentation, wie wir Ideen und Überzeugungen analysieren, die dahinterstehenden Gründe hinterfragen und anstatt einfache Informationen naiv zu akzeptieren, nach Wahrheit zu suchen. Diese Fähigkeiten sind im Alltag, in der Politik sowie bei persönlichen und beruflichen Entscheidungen von großem Wert.

Beispiel: In einer Welt voller Fehlinformationen kann eine Person, die philosophisch denken kann, irreführende Werbung oder Fake News erkennen und die Wahrheit verteidigen.

Ethik und praktische Führung

Eines der wichtigsten Gebiete der Philosophie ist die Ethik, die uns hilft, bei moralischen Herausforderungen im Leben bessere Entscheidungen zu treffen. Philosophie liefert nicht nur Kriterien für das, was richtig und falsch ist, sondern zeigt uns auch, wie wir uns an menschliche Werte wie Gerechtigkeit, Empathie und Verantwortung halten können.

Beispiel: Philosophen wie Immanuel Kant haben mit ihren Theorien über Pflicht und Moral einen tiefgreifenden Einfluss auf moderne Gesellschaften ausgeübt und Prinzipien formuliert, die heute in den Menschenrechten zu finden sind.

Sinn und Ruhe im Angesicht der Lebensherausforderungen

Philosophie kann dem Menschen helfen, besser mit Krisen und Schwierigkeiten des Lebens umzugehen. Philosophische Schulen wie der Stoizismus und der Existenzialismus bieten geistige Werkzeuge, die den Menschen helfen, mit Angst, Tod und Sinnlosigkeit umzugehen.

Beispiel: Der stoische Philosoph Marcus Aurelius glaubte, dass Menschen äußere Ereignisse nicht kontrollieren können, aber ihre Haltung gegenüber diesen Ereignissen ändern können. Diese Perspektive findet heute Anwendung in der positiven Psychologie.

Den Aufbau einer besseren Gesellschaft

Philosophie spielt eine Schlüsselrolle in der Struktur von Gesellschaften. Konzepte wie Gerechtigkeit, Freiheit, Gleichheit und Menschenrechte, die die Grundlage moderner Gesetze und Werte bilden, haben alle ihre Wurzeln in der Philosophie. Ohne Philosophie könnten Gesellschaften in Ungerechtigkeit und Chaos verfallen.

Beispiel: Platons Werke über Gerechtigkeit und Regierung sowie John Locks Theorien über Freiheit und natürliche Rechte haben einen erheblichen Einfluss auf die Bildung moderner Demokratien gehabt.

Philosophie als Kunst des Lebens

Philosophie ist nicht nur für theoretisches Denken; sie kann den Menschen auch lehren, wie man ein besseres Leben führt. Philosophen wie Epikur und Nietzsche haben praktische Perspektiven darüber angeboten, wie man Freude erleben und mit Schwierigkeiten umgehen kann. Diese Ansichten zeigen, wie Philosophie das tägliche Leben transformieren kann.

Beispiel: Epikur betonte einfache Freuden und zwischenmenschliche Beziehungen, während Nietzsche nach neuen Werten suchte, um sich den modernen Herausforderungen zu stellen.

Inspiration für Kreativität und Kunst

Philosophie war immer eine Inspirationsquelle für Kunst, Literatur und Wissenschaft. Philosophische Ideen dienen oft als Grundlage für Kreativität und Innovation und helfen Künstlern und Wissenschaftlern, neue Horizonte zu erreichen.

Beispiel: Das Konzept der „Erhabenheit" in Kants Philosophie spielte eine Schlüsselrolle in romantischen Kunstwerken, und Heideggers philosophische Überlegungen hatten tiefgreifende Auswirkungen auf die Literatur des 20. Jahrhunderts.

Antwort auf die ultimativen Fragen

Philosophie befasst sich mit tiefgründigen und letzten Fragen über Gott, den Tod und das Unendliche. Diese Themen helfen dem Menschen, seine Sicht auf den Sinn des Lebens und der Welt über die materiellen Aspekte hinaus zu erweitern.

Beispiel: Verschiedene Schulen wie der Existenzialismus oder die religiöse Philosophie haben versucht, dem Menschen Werkzeuge an die Hand zu geben, um sich den grundlegenden Fragen des Lebens zu stellen.

Philosophie ist nicht nur eine theoretische Wissenschaft, sondern auch ein praktischer Leitfaden für ein besseres Leben, tiefere Gedanken und den Aufbau einer menschlicheren Gesellschaft. In jeder Lebensphase, von individuellen Herausforderungen bis zu sozialen Krisen, kann Philosophie ein leuchtendes Licht sein, das uns zur Wahrheit, zum Sinn und zur Gerechtigkeit führt. Diese Gründe zeigen, warum Philosophie für den modernen Menschen lebenswichtig und unerlässlich ist.

In diesem Buch wollen wir, indem wir die Welt der Philosophie erkunden, die Gedanken großer Philosophen der Geschichte untersuchen und herausfinden, wie Philosophie uns im Leben leiten kann.

Massoud Hadjigoli

Einleitung

Philosophie: Die Reise des Denkens von Anfang bis heute

Die philosophische Gedankenwelt ist die Geschichte der unendlichen Fragen, die den menschlichen Verstand seit den ersten Momenten des Bewusstseins beschäftigt haben. Wie begann das Sein? Was ist der Platz des Menschen in dieser Welt? Was ist Wahrheit und wie kann man sie erkennen? Solche Fragen erhoben sich aus den Höhlen und Tempeln der Antike, wurden mit den Flüstern der ägyptischen Priester und den Weisen Mesopotamiens lebendig und blühten dann schnell in Griechenland, Indien, China und Iran auf.

Die Philosophie war von Anfang an ein Versuch, die Geheimnisse des Universums und des menschlichen Lebens zu verstehen. Im alten Ägypten war Weisheit eng mit Religion und spirituellen Riten verbunden. Die Ägypter dachten nicht nur über das Leben nach dem Tod nach, sondern entwickelten auch moralische Systeme und Konzepte der Gerechtigkeit, die die Grundlagen der Zivilisation legten. In Mesopotamien sprechen die auf Tontafeln eingravierten Reliefs von den ersten Fragen zu Recht, Moral und dem Schicksal des Menschen.

Als ein eigenständiges Denksystem erreichte die Philosophie ihren Höhepunkt im antiken Griechenland. Von Thales, der Wasser als das erste Element des Universums betrachtete, bis zu Sokrates, der mit seiner unaufhörlichen Fragerei nach der moralischen Wahrheit suchte, und Platon und Aristoteles, die die Grundlagen des Wissens und der Logik legten – die Griechen prägten den philosophischen Weg so, dass seine Auswirkungen bis heute spürbar sind.

Auch der Iran spielte in dieser gedanklichen Reise eine unverzichtbare Rolle. Von den Lehren Zarathustras, der die Welt als ein Schlachtfeld zwischen Gut und Böse betrachtete, bis zur mystischen Philosophie von Mani, der das ewige Duell von Licht und Dunkelheit sah, verband die iranische Philosophie den Menschen tief mit dem Kosmos. Die Universität von Gundishapur, eine der ersten wissenschaftlichen Einrichtungen der Welt, zeugt von der Blüte der Philosophie und des Wissens in diesem Land.

In Indien und China harmonisierte die Philosophie mit dem Rhythmus des Lebens und der Natur. Die Weisheit der Veden, Yoga und der Buddhismus in Indien sprachen vom Weg zur Befreiung von Leid und dem Kreislauf des Lebens, während in China die Lehren von Konfuzius und Laozi Systeme für Moral und die Harmonie mit der Natur und der Gesellschaft boten.

Dieses Buch ist eine Reise in die Vergangenheit, von den ersten philosophischen Gedanken in alten Zivilisationen bis zur Blüte der Philosophie weltweit. Auf jeder Seite habe ich versucht, den Leser ins Herz dieser Geschichte zu führen: Wie der Mensch durch Philosophie Antworten auf seine Fragen gefunden hat und wie diese Bemühungen die heutige Welt geprägt haben.

Die Philosophie ist unsere Geschichte; die Geschichte der Suche nach Wahrheit, Bedeutung und des Platzes des Menschen im Universum. Beginnen Sie diese Reise mit mir, um gemeinsam durch die Geschichte zu reisen und ein besseres Verständnis von uns selbst und der Welt, in der wir leben, zu erlangen.

Kapitel 1: Vom Denken zum Bewusstsein

Arash saß auf einer Holzbank im Park. Der kalte Winterwind brannte ihm ins Gesicht und tanzte mit den gelben und orangefarbenen Blättern auf dem Boden. Einige Schritte entfernt lachten Kinder laut, und ein Mann eilte an ihm vorbei. Doch Arash bemerkte nichts von alledem. Sein Blick war auf die Ferne gerichtet, dorthin, wo Himmel und Erde in einer unsichtbaren Linie miteinander verschmolzen.

Er fragte sich: „Wofür ist all dieses Trubel und Streben? Warum wachen wir jeden Morgen auf, arbeiten, lachen, weinen und gehen abends wieder schlafen? Ist dieser wiederkehrende Zyklus mehr als nur eine Gewohnheit?"

Nachts starrte er zum Himmel und fragte sich: „Was bedeuten all diese Sterne? Ist dieses unendliche Universum nur eine Schau oder verbirgt sich ein tieferes Geheimnis darin?"

Er erinnerte sich daran, wie in seiner Kindheit jeder Donnerschlag und jeder unerwartete Regenfall für ihn ein Zeichen übernatürlicher Kräfte war. Mythen, Legenden und alte Geschichten waren die ersten Antworten, die seinen neugierigen Verstand beruhigten. Doch dieser Trost war nicht von Dauer. Arash begann langsam zu erkennen, dass diese Antworten, so schön und beruhigend sie auch waren, nicht immer überzeugend waren.

Eines Nachts, als er eine mythologische Geschichte las, dachte er: „Sind diese Geschichten nur Fantasien der Alten oder versuchte jemand, auf diese Weise die Welt zu erklären?" Dieser Gedanke wurde zu einem Wendepunkt in seinem Leben. Anstatt die Mythen einfach zu akzeptieren, begann er Fragen zu stellen.

Philosophie: Die Suche nach Antworten auf ewige Fragen

Arash war nicht allein. Vor Tausenden von Jahren saßen auch andere Menschen wie er auf den imaginären Bänken des Lebens und fragten sich: „Warum sind wir hier? Was ist der Zweck des Lebens? Gibt es eine Wahrheit jenseits dieser materiellen Welt?" Sie begannen, genau wie Arash, auf der Suche nach Antworten, oft alleine und vielleicht auch mit Angst, diesen Weg zu gehen.

Einer dieser Menschen war Sokrates, der Mann, der durch die Straßen Athens ging und die Menschen mit seinen seltsamen und manchmal unangenehmen

Fragen herausforderte. Er glaubte, dass „das ungeprüfte Leben nicht lebenswert ist." Aber was bedeutet es, das Leben zu prüfen?

Arash, der trotz all seiner Erfolge im Leben ein Gefühl der Leere empfand, wiederholte vielleicht genau diese Frage von Sokrates in seinem Inneren.

Er verstand allmählich, dass der Mensch von der Verwirrung und dem Erzählen von Geschichten hin zu logischem Denken überging – ein Schritt, der der Beginn der Philosophie war.

Es war nicht das erste Mal, dass solche Gedanken ihm in den Sinn kamen. Aber an diesem Tag bohrte sich diese Frage wie ein Dorn in sein Bewusstsein. Er konnte nicht entkommen. Es schien, als ob eine Stimme in ihm rief, dass er eine Antwort finden müsse.

Leben ohne Philosophie: Verloren im Alltag

In einem Moment des Lebens stellen wir alle, wie Arash, diese Fragen. Doch viele von uns kehren anstatt Antworten zu suchen einfach zu ihrem gewohnten Leben zurück. Wir arbeiten, schlafen und beschäftigen uns mit den alltäglichen Dingen.

Aber diejenigen, die den Mut haben zu fragen, betreten eine Welt, die zu Beginn vielleicht dunkel und beängstigend erscheint, doch letztlich finden sie einen Weg zum Licht. Und in der Tat wirkt die Philosophie wie ein Licht, das uns auf dem Weg des Lebens führt.

Arash, Philosophie und die neue Reise

Arash kehrte noch in derselben Nacht nach Hause zurück und begann nach Antworten zu suchen. Er wusste nicht, wo er anfangen sollte, aber er entschloss sich, nach den wahren Antworten zu streben. Er fand ein Buch über Philosophie und las auf der ersten Seite: „Philosophie bedeutet Liebe zum Wissen."

Dieser einfache Satz fesselte ihn. Wenn Philosophie also Liebe zum Wissen ist, dann war er ein Liebender. Arash las weiter, dass Philosophie nicht nur das Leben, sondern auch den Tod, Ethik, Wahrheit, Gerechtigkeit und sogar die kleinen Freuden des Alltags behandelt. Er erkannte, dass Philosophie ihm helfen würde, nicht mit seinen Fragen alleine zu bleiben. Wochen vergingen, und Arash las weiter.

Arash: Ein Mann zwischen Dunkelheit und Licht

Arash war wie viele von uns ein Mann, gefangen zwischen Dunkelheit und Licht. Er war weder hoffnungslos noch voller Hoffnung. Sein Leben schien ein äußeres Gleichgewicht zu haben, aber dieses Gleichgewicht war zerbrechlich. Etwas in seiner Seele flüsterte ihm, dass das Leben mehr sein müsste als das. Doch was war dieses „Mehr"?

Er stand jeden Morgen früh auf, zog sich ordentlich an, frühstückte und ging zur Arbeit. Arash war in seinem Job präzise, aber er war nie leidenschaftlich bei der Sache, und manchmal, wenn er mitten am Tag in Excel-Tabellen schaute oder E-Mails beantwortete, hatte er das Gefühl, keine Luft mehr zu bekommen. Es schien, als ob etwas an diesem Leben nicht stimmte.

An diesem winterlichen Abend, als er durch den Park ging und auf der Holzbank saß, hörte er schließlich die unterdrückte Stimme seiner Frage in sich: „Warum bin ich hier? Ist dies mein Leben oder das Leben, das andere für mich geschaffen haben?"

Der erste Konflikt mit der Wahrheit

Ein paar Tage später fand sich Arash wieder in der Bibliothek seines Viertels, aber diesmal mit einer tiefen inneren Gewissheit. Er war nicht mehr gekommen, um der Realität zu entfliehen; er war gekommen, um eine Wahrheit zu finden, die ihn retten würde. Als seine Hand das Buch „Philosophie – Die Suche nach Bedeutung" ergriff, schlug sein Herz schneller. Es war, als ob dieses Buch ihn gewählt hatte. An diesem Abend, als er das Buch aufschlug, stieß er auf einen Satz, der wie eine Stimme aus der Tiefe seines Wesens klang: „Das Leben ist eine Frage. Wenn du keine Frage stellst, lebst du nicht; du existierst nur." Dieser Satz erschütterte ihn. Er fühlte, dass genau das, was er all die Jahre verloren hatte, hier war. Er hatte gelernt, keine Fragen zu stellen, das Leben so zu akzeptieren, wie es ihm gegeben wurde. Aber jetzt wollte er nicht mehr in der gewohnten Weise weiterleben.

Platons Höhle: Ein Bild von Arashs Leben

Im ersten Kapitel des Buches stieß Arash auf die Geschichte der „Höhle von Platon", einer Erzählung von Menschen, die in einer Höhle geboren wurden und nur Schatten der realen Welt an der Wand sehen konnten. Arash hatte das Gefühl, dass diese Geschichte genau seine eigene Situation beschrieb.

Die Höhle von Platon ist eine der bekanntesten Allegorien in der Philosophie, die Platon in seinem Werk „Die Republik" darstellt. Diese Allegorie erklärt, wie Menschen in der realen Welt die Wahrheit entdecken und erkennen, dass das, was sie für die Wahrheit hielten, möglicherweise nur ein Schatten der wirklichen Wahrheit ist.

In dieser Allegorie beschreibt Platon eine Gruppe von Menschen, die von Geburt an in einer dunklen Höhle aneinandergekettet sind. Diese Menschen können ihren Kopf nicht drehen und können nur nach vorne schauen. An der Wand der Höhle sehen sie Schatten von Objekten, die hinter ihnen sind, die von einem Feuer am Ende der Höhle beleuchtet werden. Mit anderen Worten, sie sehen nur die Schatten und Bilder, die von realen Objekten und Wesen hinter ihnen erzeugt werden.

Für diese Menschen sind die Schatten die Realität. Sie haben keine direkte Erfahrung von der Welt außerhalb der Höhle und glauben, dass diese Schatten die realen und einzigen Wahrheiten sind. Diese Situation ist ein Symbol für Unwissenheit und die Begrenztheit des menschlichen Verstehens.

In der Fortsetzung der Allegorie wird einer der Gefangenen von seinen Ketten befreit und gelangt in die Welt außerhalb der Höhle. Anfangs ist er vom Sonnenlicht geblendet und kann nichts deutlich erkennen. Doch mit der Zeit gewöhnt er sich an die Außenwelt und kann die Natur, Objekte und wahre Wesen klar sehen. Er erkennt, dass die Welt außerhalb der Höhle ganz anders ist, als er ursprünglich dachte.

Nachdem dieser Mensch ein neues Verständnis und Bewusstsein über die Welt erlangt hat, kehrt er zurück in die Höhle, um die anderen über die Wahrheit aufzuklären. Doch als er den anderen von der Welt draußen berichtet, hören sie ihm nicht zu und verspotten ihn, weil sie nicht mehr als Schatten sehen können und es ihnen schwerfällt, zu glauben, dass die Wahrheit etwas anderes ist.

Philosophische Interpretation

Die Höhle von Platon ist tatsächlich ein Symbol für die materielle Welt und eine Welt voller Illusionen, in der die Menschen leben und deren Verständnis der Wahrheit sehr begrenzt ist. Die Schatten, wie die Vorstellungen und falschen Konzepte, die im menschlichen Geist entstehen, sind eine Metapher. Wenn die Menschen nur auf ihre Sinne vertrauen und ohne Nachdenken und Reflexion gegenüber den Phänomenen stehen, ist es möglich, dass sie anstatt der Wahrheit nur Bilder der Wahrheit wahrnehmen.

Der Ausstieg aus der Höhle stellt den Prozess des Bewusstwerdens und des Erreichens wahren Wissens dar. Diese Reise zum Licht ist ein Zeichen für die Suche nach Wahrheit und ein tieferes, wahrhaftigeres Verständnis der Welt. Am Ende muss die Person, die die Wahrheit erlangt hat, andere über diese Wahrheit aufklären, obwohl sie möglicherweise auf Widerstand und Ablehnung stoßen wird.

In dieser Allegorie stellt Platon die Philosophie als einen Weg dar, um sich von diesen Dunkelheiten zu befreien und zu Bewusstsein und Wahrheit zu gelangen. Er glaubte, dass die meisten Menschen wie Gefangene in der Höhle sind, und nur durch Denken, Reflektion und Philosophie können sie über die Oberflächlichkeit ihres Verständnisses hinausgehen und die Wahrheit finden.

Die Höhle von Platon ist der symbolische Weg, den jeder Mensch gehen muss, um sich aus der Welt der Illusionen und falschen Vorstellungen zu befreien und zu einem wahren Verständnis der Welt und des Selbst zu gelangen. Diese Allegorie zeigt, dass kritisches Denken und Philosophie den Menschen helfen können, die verborgenen Wahrheiten hinter den Kulissen zu sehen und wahre Erkenntnisse zu erlangen.

Arash fragte sich: „Sehe ich auch nur die Schatten? Ist das, was ich Leben nenne, nur ein begrenztes Bild der Wahrheit?"

In dieser Nacht blieb er bis spät in die Nacht wach und dachte nach, was „seine Höhle" sei. Vielleicht sind es seine täglichen Gewohnheiten; vielleicht die Angst vor Misserfolg oder sogar die Angst vor Veränderung.

Philosophie verändert ihn langsam

Wochen vergingen und Arash verbrachte jede Nacht mit Lesen. Er war jetzt nicht nur mit Sokrates und Platon vertraut, sondern auch mit Philosophen wie Kant, Nietzsche und den Stoikern. Jeder dieser Philosophen hatte eine andere Sicht auf das Leben. Arash verstand, dass Philosophie nicht nur eine Wissenschaft oder ein akademisches Fach ist; Philosophie ist ein Weg des Lebens.

Nietzsche sagte ihm, dass der Mensch selbst der Schöpfer seiner Werte sein sollte. Die Stoiker lehrten ihn, dass äußere Ereignisse nicht unter seiner Kontrolle stehen, aber er seine Reaktionen darauf steuern kann. Diese Lehren begannen, sich nach und nach in Arashs Alltagsleben auszuwirken.

Der Moment, in dem das Leben eine neue Bedeutung erhält

Eines Tages, als Arash auf einer Bank im Park saß und den Menschen zusah, fühlte er, dass sich etwas in ihm verändert hatte. Er sah das Leben nicht mehr wie früher. Obwohl er immer noch viele Fragen hatte, rannte er nicht mehr vor ihnen davon. Jetzt wusste er, dass es gerade diese Fragen sind, die das Leben schön machen. Er fragte sich: „Was würde passieren, wenn ich diese Fragen annehme, anstatt vor ihnen Angst zu haben?" Diesmal spürte er nicht mehr Leere, sondern eine Art Aufregung und Begeisterung in sich.

Arash, seine Frau und Gespräche über Philosophie

Eines Abends, als seine Frau ihn dabei sah, wie er ein weiteres Buch über Philosophie las, fragte sie: „Warum bist du in letzter Zeit so vertieft in diese Bücher?"

Zum ersten Mal sprach Arash mit ihr über seine Gefühle. Er sagte, dass diese Fragen schon seit Jahren in seinem Kopf waren, aber er immer vor ihnen davongelaufen sei. Seine Frau hörte überrascht zu und sagte: „Manchmal habe ich auch dieses Gefühl. Vielleicht sollten wir mehr darüber sprechen."

In dieser Nacht sprachen sie zum ersten Mal über die Fragen, die sie sich beide stellten. Arash erkannte, dass Philosophie nicht nur eine persönliche Reise ist, sondern auch ein Weg, tiefere Verbindungen mit anderen zu schaffen.

Arash und die Rückkehr zum wirklichen Leben

Jetzt tat Arash seine täglichen Aufgaben weiterhin, aber sein Blick auf sie hatte sich verändert. Er hatte gelernt, sogar in den einfachsten Momenten Bedeutung zu finden. Wenn er mit seinen Kindern spielte, dachte er darüber nach, wie wichtig kleine Freuden sind. Wenn er im Arbeitsumfeld auf eine Herausforderung stieß, fragte er sich: „Welche Lektion hat dieses Ereignis für mich?"

Arash und die Philosophie des Lebens

Ein paar Monate später öffnete Arash das Buch, das er aus der Bibliothek entnommen hatte, und las den Satz, der ihn auf diesen Weg geführt hatte:

„Jeder Mensch fragt sich irgendwann im Leben: Warum? Diese Frage ist der Beginn der Philosophie."

Arash lächelte. Jetzt wusste er, dass sich sein Leben verändert hatte, nicht weil er alle Antworten gefunden hatte, sondern weil er den Mut gefunden hatte, die richtigen Fragen zu stellen.

Arashs Leben war nun wie ein ruhiger Fluss; er suchte nicht mehr nach einem Ziel, sondern genoss den Fluss dieser Reise. Er hatte verstanden, dass die Philosophie ihm nicht nur geholfen hatte, den Sinn des Lebens zu finden, sondern ihm auch beigebracht hatte, jeden Moment mit Begeisterung zu erleben.

Diese Veränderung war etwas, das Arash sich nie hätte vorstellen können. Er war nicht mehr nur am Leben; Arash lebte.

Philosophie, die dem Leben Leben gab

Jetzt, wo Arash ein Stück des philosophischen Weges gegangen war, fühlte er, dass alles, was er las oder erlebte, eine neue Bedeutung hatte. Er war nicht mehr gleichgültig gegenüber den Dingen, die er früher als einfach oder bedeutungslos ansah. Sein Blick auf das Leben hatte sich verändert.

Eines Tages, als er zum Bäcker in seiner Nachbarschaft ging, sagte der alte Bäcker zu ihm: „Junger Mann, du scheinst in den letzten Tagen viel ruhiger zu sein. Was ist der Grund?" Arash lächelte und sagte: „Vielleicht habe ich gelernt, nicht nur zu rennen, sondern auch ab und zu anzuhalten und mich umzusehen." Der Bäcker lachte und sagte: „Das reicht schon, um die Welt schöner zu sehen."

Der Sonnenuntergang am Strand und ein Moment des Lichts

Ein paar Wochen später machte Arash mit seiner Familie einen kurzen Ausflug in den Norden. An einem der Nachmittage, als alle sich ausruhten, ging Arash zum Strand. Er setzte sich auf den feuchten Sand und starrte auf die ruhigen Wellen, die regelmäßig den Strand erreichten.

Er dachte bei sich: „Das Leben ist wie diese Wellen; sie kommen und gehen. Aber das Wichtige ist, dass sie in ihrem Kommen und Gehen etwas von sich hinterlassen. Was werde ich von mir hinterlassen?"

In diesem Moment wurde Arash etwas klar. Er verstand, dass das Leben nicht nur aus persönlichen Glücksmomenten oder dem Erreichen individueller Ziele besteht. Das Leben ist das, was du in dieser Welt hinterlässt, auch wenn es nur klein ist.

Rückkehr in die Stadt: Philosophie in der Praxis

Als Arash von der Reise zurückkehrte, entschloss er sich, etwas in seinem Alltag zu verändern. Er wollte nicht einfach ein gewöhnlicher Angestellter bleiben. Er begann darüber nachzudenken, wie er seinen Beruf so gestalten könnte, dass er mit seinen neuen Werten in Einklang steht.

Er bemerkte, dass viele seiner Kollegen im Arbeitsumfeld oft Müdigkeit und Bedeutungslosigkeit empfanden. Arash beschloss, jeden Morgen ein paar Minuten mit einem seiner Kollegen zu sprechen, ihren Gesprächen zuzuhören und zu versuchen, ihren Tag ein wenig besser zu machen.

Ein Kollege, der immer eher wortkarg war, sagte nach einem kurzen Gespräch mit Arash: „Warst du nicht immer so? Es scheint, als hätte sich dein Blick auf das Leben verändert." Arash lächelte und sagte: „Vielleicht habe ich gelernt, mehr Fragen zu stellen, anstatt Antworten zu geben."

Die Entdeckung kleiner Freuden

Arash hatte gelernt, dass Philosophie nicht nur aus großen Konzepten besteht. Manchmal liegt der Sinn des Lebens in den kleinsten Dingen. Jeden Morgen, wenn er den ersten Schluck seines heißen Tees trank, hielt er einen Moment inne und genoss den Geschmack. Als seine kleine Tochter ihm ein einfaches Bild zeigte, achtete er nicht nur oberflächlich darauf, sondern betrachtete die Details und sprach mit ihr darüber. Diese kleinen Veränderungen machten sein Leben nach und nach tiefer.

Die Rückkehr in die Höhle: Eine Reise nach innen

Eines Nachts, als alle im Haus schliefen, kehrte Arash wieder zu seinem Buch zurück. Das neue Kapitel, das er begann, behandelte „Die Rückkehr nach innen". Der Autor schrieb, dass jede Reise uns schließlich zu uns selbst zurückführt. Arash dachte bei sich: „Was, wenn meine Höhle nicht nur die äußere Welt ist, sondern etwas in mir selbst?"

Er griff nach seinem Notizbuch und begann zu schreiben:

• Wovor habe ich Angst?

• Was macht mich wirklich glücklich?

• Was hindert mich daran, mich zu bewegen?

Arash erkannte, dass einige seiner Ängste, wie die Angst vor Misserfolg oder vor dem Urteil anderer, noch Schatten seiner Vergangenheit waren. Doch jetzt war er bereit, sich diesen Ängsten zu stellen.

Das Ende eines Kapitels, der Beginn eines neuen

Ein paar Monate später entschloss sich Arash, seine Erfahrungen mit anderen zu teilen. Er sprach in einer kleinen lokalen Gruppe über Philosophie und das Leben. Bei der ersten Sitzung kamen nur vier Personen, aber Arash spürte, dass dies der Anfang einer großen Bewegung war.

Er sagte zu ihnen: „Die Philosophie hat mir geholfen zu verstehen, dass das Leben nicht perfekt ist, aber diese Unvollkommenheiten und Fragen machen das Leben schön. Wenn alles von Anfang an festgelegt wäre, was bliebe dann noch zu entdecken?"

Nun lebte Arash nicht mehr nur für sich selbst. Er hatte beschlossen, die Philosophie auch anderen zu vermitteln und ihnen zu zeigen, wie sie das Leben auf eine tiefere Weise betrachten können.

Ein Tag in der Zukunft

Jahre später, als Arash auf derselben Holzbank im Park saß, blickte er auf seinen Weg zurück. Er erinnerte sich daran, wie eine einfache Frage alles für ihn verändert hatte: „Warum?"

Er sagte sich: „Das Leben ist weder im Ziel noch im Ergebnis; das Leben ist im Fragen und Suchen. Wenn du dir erlaubst zu fragen und zu entdecken, wirst du immer einen Grund zum Leben finden."

In diesem Moment lächelte Arash, blickte zum Himmel und genoss die Brise, die sein Gesicht streichelte. Er lebte nicht mehr im Schatten; er war nun im Licht.

Warum Arash sich entschloss, dieses Buch zu schreiben

Nach einer langen Reise auf dem Weg der Philosophie war Arash an einem Punkt angekommen, an dem die Fragen für ihn nicht mehr nur theoretischer Natur waren. Er hatte die Philosophie nicht mehr als ein entferntes Thema betrachtet, sondern als eine Anleitung für das Leben erfahren. Diese Erfahrung brachte ihn zu dem Glauben, dass Philosophie ein Licht sein kann für diejenigen, die im Dunkel des Alltags verloren sind.

Wenn Arash an seine Vergangenheit dachte, erinnerte er sich an die Tage, als Fragen in seinem Kopf herumschwirrten, aber keine Antworten gefunden wurden. Heute wusste er, dass die Antworten nicht am fernen Ziel liegen, sondern im Prozess des Suchens selbst. Mit dieser Motivation entschloss er sich, dieses Buch zu schreiben – ein Buch, das die Geschichte einer philosophischen Reise erzählt, von antiken Mythen bis hin zur modernen Logik.

Philosophie: Von Staunen zu Bewusstsein

Arash glaubte, dass Philosophie mit Staunen beginnt. In der Einleitung seines Buches schrieb er:

„Der Mensch, der zum ersten Mal in den Sternenhimmel blickte und erstaunt dem Rauschen der Wellen lauschte, trat in den Weg der Philosophie ein. Dieser Weg ist eine endlose Reise, die Wahrheit zu finden. Ich selbst bin, wie viele andere, mit Staunen in diese Reise eingetreten. Doch heute möchte ich meine Erfahrungen und mein Verständnis dieses Weges mit euch teilen."

Arash hatte sich vorgenommen, sein Buch so zu schreiben, dass Philosophie aus ihren strengen und formellen Rahmen befreit wird und zu etwas Greifbarem wird. Er wollte zeigen, dass Philosophie nicht nur ein Thema für Universitäten oder große Philosophen ist, sondern dass jeder Mensch, der über das Leben nachdenkt, auf seine Weise mit Philosophie beschäftigt ist.

Inspiration aus dem Alltäglichen

Arash schrieb in seinen Notizen: „Jeder Tag enthält Momente, die philosophisch sein können, wenn wir ihnen nur Aufmerksamkeit schenken; wenn wir einem Kind zuschauen, das seine ersten Schritte macht, denken wir über Wachstum und Veränderung nach. Wenn wir den Sonnenuntergang betrachten, denken wir vielleicht unbewusst über den Ablauf der Zeit und die Vergänglichkeit der Momente nach. Philosophie lebt in diesen einfachen, alltäglichen Momenten."

Er entschied sich, in diesem Buch auch von seinen persönlichen Erfahrungen zu berichten; von Momenten, in denen Philosophie ihm geholfen hatte, aus Verzweiflung und Hoffnungslosigkeit herauszufinden und einen neuen Blick auf die Welt zu gewinnen.

Warum begann Philosophie mit Mythen?

Ein wichtiger Abschnitt des Buches von Arash war die Erklärung, warum Philosophie mit Mythen begann und wie sie sich von ihnen entfernte. Er schrieb:

„Mythen waren der erste Versuch des Menschen, der unverständlichen Welt Bedeutung zu verleihen. Der Urmensch schuf Geschichten, um etwas von dieser unermesslichen Welt zu verstehen, die ihn umgab. Doch es kam der Moment, in dem der Mensch, anstatt sich auf Geschichten zu stützen, begann, Fragen zu stellen, deren Antworten nur durch Nachdenken gefunden werden konnten. Dieser Punkt war der Beginn der Philosophie."

Arash bezeichnete diese Veränderung als „den Sprung des menschlichen Geistes von der Fantasie zur Vernunft" und erklärte, wie verschiedene Kulturen diesen Weg auf ihre eigene Weise gegangen sind.

Das Ziel von Arash beim Schreiben des Buches

Arash war überzeugt, dass Philosophie noch immer denselben Einfluss auf den modernen Menschen haben kann wie auf den antiken Menschen. In einem Teil seiner Notizen schrieb er:

„Ich schreibe dieses Buch nicht nur, um mein philosophisches Wissen zu vermitteln, sondern um zu zeigen, dass Philosophie euer Leben verändern kann. Ich möchte, dass ihr, genau wie ich es geschafft habe, durch die Fragen des Lebens zu gehen und tiefere Ruhe zu finden, auch diesen Weg erleben könnt."

Arash hatte die Überzeugung gewonnen, dass Philosophie nicht nur Fragen zur Wahrheit der Welt betrifft, sondern auch ein besseres Verständnis für sich selbst und das Leben ermöglicht. Dieses Buch zu schreiben war für ihn ein Weg, anderen zu helfen, ihren eigenen philosophischen Pfad zu finden.

Ein Buch für alle

Arash wollte nicht, dass sein Buch nur für Philosophen oder Philosophiestudenten war. Er schrieb es für jeden, der auf der Suche nach dem Sinn des Lebens war; für denjenigen, der nachts mit tiefen Fragen einschlief, für denjenigen, der das Gefühl hatte, etwas im Leben zu vermissen, oder sogar für denjenigen, der einfach ein besseres Verständnis der Welt suchte.

In der Vorrede seines Buches schrieb er:

„Dieses Buch ist eine Einladung zu einer Reise. Eine Reise von Staunen zu Fragen, von Mythen zu Logik und von Unwissenheit zu Bewusstsein. Ich hoffe, dass dieses Buch euch zum Nachdenken anregt, euch ermutigt, Fragen zu stellen, und euch schließlich auf eine persönliche Reise in die Philosophie führt."

Arash dachte nun nicht nur über Philosophie nach, sondern lebte sie auch, und dieses Buch war das Ergebnis jahrelanger Erfahrung, Studie und Überlegung.

Vielleicht sind auch viele von uns in der heutigen Welt in gewisser Weise in ihrer eigenen Höhle gefangen. Gefangen in den Schatten der Medien, kollektiver Überzeugungen oder individueller Illusionen. Vielleicht kann die Philosophie, wie Arash in seinem Buch betont, ein Weg sein, um aus diesen Schatten herauszukommen und die Wahrheit in der komplexeren Welt, zu der wir gehören, zu suchen.

Kapitel 2: Der Ursprung der Philosophie – Von Mythen zur Logik

Genauso wie Arash in seinem Leben die Mythen der Vergangenheit hinter sich ließ und zur philosophischen Denkweise fand, hat auch die Menschheitsgeschichte eine ähnliche Reise durchlaufen.

Am Anfang, als die Erde noch unberührt und unbekannt war und der Himmel jede Nacht mit seinen unendlichen Sternen dem Menschen zuzwinkerte, begann das Denken der Philosophie in den Flüstern des Windes und dem Echo des Meeresrauschens. Der Urmensch, der in die leuchtende Sonne des Tages und die geheimnisvollen Schatten der Nacht blickte, suchte mit tiefem Staunen nach einem Sinn. Jedes Phänomen, jeder Sonnenaufgang und -untergang war für ihn ein Rätsel, ein Geheimnis, das seine Seele erschütterte und seinen Geist in Bewegung versetzte.

Der Mensch, der im Herzen der Natur stand, fühlte sich wie ein Tropfen in einem unendlichen Ozean. Er fragte sich: Was ist dieser sternenbesetzte Himmel? Warum existiert diese Erde, die mich umhüllt? Bin ich ein Teil dieser Welt oder nur ein kleiner Beobachter angesichts ihrer Größe? Diese ersten Fragen entfachten wie ein unlösbares Feuer im Herzen des Menschen.

Die Philosophie begann mit diesem Feuer. Eine endlose Frage auf der Suche nach der Wahrheit. Der Mensch, der zuvor zu Göttern und Legenden Zuflucht gesucht hatte, begann allmählich zu begreifen, dass vielleicht das Geheimnis der Welt in ihm selbst verborgen lag.

Mit der Zeit gingen diese Fragen über die Mythen hinaus und gelangten in die Welt der Logik. Die ersten Philosophen, wie Liebhaber der Poesie, betrachteten die Natur genau. Die Philosophie begann wie ein unsterbliches Lied, das aus einfachen, aber zugleich unendlichen Fragen entstand. Ein Lied, das jede Generation auf ihre eigene Weise sang, aber dessen ursprüngliche Bedeutung immer gleich blieb: die Wahrheit zu finden, die Welt zu verstehen und den Sinn des Lebens zu entdecken. Philosophie ist ein Gedicht, das der Mensch geschrieben hat, um das Sein zu begreifen, und es lebt weiter im Herzen nachdenklicher Menschen.

Die ersten Menschen erlebten durch die Beobachtung der Natur Phänomene wie Tag und Nacht, die Jahreszeiten sowie Geburt und Tod. Diese Erfahrungen führten zur Bildung von mythologischen und religiösen Glaubensvorstellungen. Sie betrachteten die Götter und übernatürlichen Kräfte als die Urheber dieser Phänomene. In dieser Phase begann das Denken des Menschen, aber es war noch auf Legenden und Religion angewiesen.

Mit dem Wachstum der Zivilisationen, insbesondere in Ägypten, Mesopotamien, Indien, China und Griechenland, begannen die Menschen, statt sich auf Mythen zu stützen, nach logischen Erklärungen für natürliche Phänomene zu suchen.

Man kann sagen, dass die Philosophie dort begann, wo die Menschen grundlegende Fragen stellten. Diese Fragen wurden in verschiedenen Kulturen auf unterschiedliche Weise formuliert, und allmählich entstanden verschiedene philosophische Schulen.

Die ersten Philosophen in verschiedenen Zivilisationen, wie die Priester in Ägypten, die Weisen in Indien und China und die Vorsokratiker in

Griechenland, versuchten, auf philosophische Fragen mit Hilfe von Beobachtung, Logik und kritischem Denken zu antworten:

• In Griechenland nutzten Thales, Anaximander und Heraklit natürliche Elemente, um die Welt zu erklären.

• In Indien untersuchten die Weisen der Veden Konzepte wie Brahman (das absolute Prinzip) und Atman (die individuelle Seele).

• In China konzentrierten sich Philosophen wie Konfuzius und Laozi auf Ethik und Harmonie mit der Natur.

• In antikem Griechenland trennten Sokrates, Platon und Aristoteles die Philosophie von Mythen und Religion und machten sie zu einer unabhängigen Wissenschaft. Sokrates beschäftigte sich mit Ethik und der Methode des Fragens, Platon konzentrierte sich auf Ideen und die absolute Wahrheit, und Aristoteles legte die Grundlagen für Logik und Naturwissenschaften.

Das Alte Ägypten

Das Alte Ägypten war eine der einflussreichsten Zivilisationen in der Geschichte der Menschheit, die nicht nur in Kunst, Architektur und Religion, sondern auch im philosophischen Denken eine bedeutende Rolle spielte. Obwohl Ägypten hauptsächlich als eine religiöse Zivilisation bekannt ist, sind seine philosophischen Wurzeln in Bereichen wie Ethik, Gerechtigkeit, dem kosmischen System und Weisheit sehr ausgeprägt. Die Philosophie im alten Ägypten war stark mit Religion, Mythologie und praktischen Lebensprinzipien verwoben und hatte einen spürbaren Einfluss auf die griechischen Philosophen, insbesondere die Vorsokratiker, und folglich auf das westliche Denken. Viele griechische Philosophen, wie Platon und Pythagoras, wurden von den Lehren Ägyptens über die Unsterblichkeit der Seele, kosmische Ordnung und die Natur der Ethik beeinflusst. Dieser kulturelle Austausch wurde durch die Reisen griechischer Philosophen nach Ägypten und die Begegnung mit den Priestern und ägyptischen Traditionen gestärkt.

Philosophische Prinzipien des Alten Ägypten

Im Zentrum des ägyptischen Denkens stand das Konzept von „Ma'at", das für Ordnung, Wahrheit, Gerechtigkeit und kosmische Harmonie stand. Die Ägypter glaubten, dass die Welt auf diesem Prinzip erschaffen wurde und ihr Fortbestehen von der Einhaltung von Ma'at abhängt. Dieses Prinzip war nicht nur im persönlichen Leben der Menschen von Bedeutung, sondern auch in der Politik und in sozialen Beziehungen.

In Ägypten waren die Götter Symbole für natürliche und kosmische Kräfte. Zum Beispiel war Ra (der Sonnengott) das Symbol für das Leben und die weltweite Ordnung, und Osiris (der Gott des Todes und des Lebens nach dem Tod) repräsentierte die Konzepte von Gerechtigkeit und Transformation. Die Ägypter glaubten, dass die Kommunikation mit den Göttern durch Verehrung und Rituale den Menschen zu einem tieferen Verständnis des Seins verhalf.

Der Glaube an das Leben nach dem Tod war ein wesentlicher Aspekt der ägyptischen Philosophie. Sie betrachteten das irdische Leben als Teil einer langen Reise, die in der anderen Welt fortgesetzt wurde. Dieser Glaube führte die Ägypter dazu, komplexe Bestattungsriten wie die Mumifizierung und den Bau von Pyramiden zu entwickeln.

Die ägyptische Philosophie strebte nach einem Gleichgewicht zwischen materiellen und spirituellen Bedürfnissen. Sie glaubten, dass der Mensch nur durch das Bewahren dieses Gleichgewichts inneren Frieden und Erlösung erlangen konnte.

Das Konzept von Ma'at

Ma'at war eines der grundlegendsten Konzepte in der Philosophie des alten Ägypten. Es symbolisierte Wahrheit, Gerechtigkeit, Gleichgewicht und kosmische Ordnung. Das ethische und moralische Leben eines Individuums wurde durch die Befolgung von Ma'at definiert. Dieses Prinzip war nicht nur für Einzelpersonen von Bedeutung, sondern auch für Könige und die Gesellschaft als Ganzes. Ma'at wurde als eine kosmische Kraft betrachtet, die das Universum und alle Lebewesen in einem Zustand der Balance und Harmonie hielt.

Merkmale und Dimensionen des Ma'at-Konzepts

1. Kosmische und natürliche Ordnung

Ma'at bedeutet die innere Ordnung des Universums und des Kosmos. Nach diesem Glauben wurde die Welt zu Beginn nach bestimmten Prinzipien erschaffen, und diese Ordnung muss bewahrt werden, damit alles richtig funktioniert. Wenn diese Ordnung gestört wird, entstehen Korruption und Chaos. Ma'at repräsentiert die Balance, die im gesamten Universum herrscht. Da die Welt auf dieser natürlichen Ordnung basiert, wurde jede Form von Unordnung oder Chaos als ein Verstoß gegen das kosmische Gesetz angesehen.

2. Soziale und moralische Gerechtigkeit

Ma'at bezieht sich auch auf die menschliche Gerechtigkeit und soziale Moral. In diesem Sinne symbolisiert Ma'at korrektes Verhalten, Fairness und das Wahrnehmen der Rechte anderer. Die ägyptischen Könige und Herrscher waren verpflichtet, die Gerechtigkeit in der Gesellschaft zu wahren und taten dies durch die Befolgung der Prinzipien von Ma'at. In diesem Kontext steht Ma'at für die Verwirklichung von Ordnung in menschlichen Beziehungen, die Unterstützung der Bedürftigen, die Achtung von Gesetzen und das Befolgen moralisch korrekten Verhaltens.

3. Herrschaft des Gesetzes und der gerichtlichen Gerechtigkeit

Im Rechtssystem des alten Ägyptens war es die Aufgabe der Götter und Priester, basierend auf den Prinzipien von Ma'at, Gerechtigkeit zu gewährleisten. Bei der Urteilsfindung in den Gerichten mussten die Richter die Gesetze von Ma'at befolgen. Diese Gesetze wurden nicht nur als moralische Maßstäbe, sondern auch als kosmische Prinzipien betrachtet. Nach dem Glauben der Ägypter mussten Menschen vor ihrem Eintritt in das

Leben nach dem Tod in einem „Gericht des Osiris" erscheinen, in dem ihr Herz als Symbol für ihre Taten und Moral bewertet wurde.

4. Göttliche Herrschaft über Ma'at

Ma'at war auch mit den Göttern von Ägypten verbunden, insbesondere mit Thoth, dem Gott der Weisheit und Schrift, und Atum, dem Gott der ersten Schöpfung. Thoth spielte eine wichtige Rolle bei der Bewahrung und Ausbreitung von Ma'at in der Welt. Durch seine Worte und Gesetze stellte er Gerechtigkeit sicher.

Darüber hinaus wurde Ra, der Sonnengott, als das Symbol von Ma'at auf einer weltlichen und kosmischen Ebene angesehen, da er durch die Bewegung der Sonne und die natürlichen Zyklen die Ordnung des Universums aufrechterhielt.

Ma'at im Alltags- und Gesellschaftsleben

Im alten Ägypten waren die Könige verpflichtet, den Prinzipien von Ma'at zu folgen. Die Pharaonen, als Vertreter Gottes auf Erden, waren verantwortlich für die Aufrechterhaltung und Ausführung der kosmischen und sozialen Ordnung. Ihre Aufgabe war es, Ma'at in allen Aspekten der Regierung und Gesellschaft zu etablieren, einschließlich der Verwaltung von Steuern, der Lösung von Konflikten und der Unterstützung von Schwachen.

Für die Ägypter bedeutete das Befolgen von Ma'at, mit Ehrlichkeit, Gerechtigkeit und Respekt für andere zu leben. In den moralischen Texten Ägyptens, wie den "Lehren des Ptahhotep", wurde betont, dass die Menschen in ihren Beziehungen zueinander Gerechtigkeit und Fairness wahren sollten.

Ma'at und das Leben nach dem Tod

Ein herausragendes Merkmal von Ma'at war ihr Einfluss auf das Leben nach dem Tod. Nach dem ägyptischen Glauben wurde die Seele einer verstorbenen

Person vor Gericht bei Osiris gebracht, um über ihr Verhalten im irdischen Leben zu urteilen. In diesem Gericht wurde das Herz der Person, das die Taten des Lebens symbolisierte, auf eine Waage gelegt. Auf einer Seite der Waage lag das Herz der Person, auf der anderen Seite die Feder (Feather) von Ma'at, die Wahrheit und Gerechtigkeit symbolisierte. Wenn das Herz der Person leichter war als die Feder von Ma'at, gelangte sie in den Himmel. War das Herz schwerer als die Feder, wurde sie in die Unterwelt (Haau) verbannt.

Ma'at im alten Ägypten war nicht nur ein philosophisches und moralisches Konzept, sondern auch ein wesentlicher Bestandteil der sozialen und kosmischen Ordnung. Dieses Konzept war tief in das tägliche Leben, das Rechtssystem, zwischenmenschliche Beziehungen sowie religiöse und jenseitige Überzeugungen der Ägypter eingebettet. Ma'at als Symbol für Gerechtigkeit, Wahrheit und Gleichgewicht hatte Einfluss auf alle Lebensbereiche der Menschen in Ägypten und spielte eine zentrale Rolle im Verständnis der Kosmologie und der menschlichen Welt.

Der Glaube an kosmische Ordnung

Die Ägypter glaubten, dass das Universum auf einer ewigen Ordnung (Ma'at) basierte und dass jede Form von Chaos oder Unordnung (Isfet) korrigiert werden müsse. Diese philosophische Haltung drang auch in ihr praktisches und politisches Leben ein und war im Rechtssystem, in der Regierung und in der sozialen Ethik sichtbar.

Gedanken über Leben und Tod

Die Ägypter glaubten fest an das Leben nach dem Tod, und dieser Glaube hatte tiefgreifenden Einfluss auf ihr philosophisches Denken. Der Tod wurde als Übergang zu einem anderen Leben verstanden. Diese Sichtweise führte dazu, dass die Ägypter viel Wert auf moralische Fragen und die Verantwortung des Menschen für seine Taten im irdischen Leben legten.

Weisheit und Wissen (Seba)

Seba (Seba) im alten Ägypten bedeutet Weisheit und Wissen und ist ein zentraler Begriff in der Kultur und Philosophie des alten Ägypten. Dieses Wort verweist oft auf Weisheit, Erfahrung und ein tiefes Verständnis der Welt und menschlicher Beziehungen. Seba war als eines der grundlegenden Prinzipien in der Erziehung und Bildung in den moralischen Texten und Lehren der ägyptischen Weisen von großer Bedeutung.

Eigenschaften und Dimensionen des Begriffs Seba

1. Praktische Weisheit und ethisches Leben

Im alten Ägypten bedeutete Seba praktische Weisheit und die Fähigkeit, Wissen im täglichen Leben anzuwenden. Dieses Wissen war nicht nur in technischen und wissenschaftlichen Bereichen von Bedeutung, sondern auch in der Ethik und sozialen Beziehungen. Seba half einer Person, die richtigen Entscheidungen zu treffen, besonders in Situationen, die Urteilsvermögen und Genauigkeit erforderten.

2. Bildung und Erziehung

Die Lehre von Seba fand oft in Familien und Schulen statt. In moralischen Texten wie den Lehren des Ptahhotep wurde die Bedeutung der Weitergabe von Seba von älteren Generationen an die jüngeren betont. Diese Lehren beinhalteten ethische und soziale Richtlinien und forderten die Menschen auf, Seba in ihrem täglichen Leben anzuwenden, um der Gesellschaft zu dienen.

3. Seba in den Weisheitstexten Ägyptens

Die Lehren des Ptahhotep sind eines der bekanntesten Werke des alten Ägypten, die die Prinzipien von Seba in Form von moralischen Ratschlägen darstellen. In diesem Text empfehlen die Weisen ihren Kindern und Schülern, mit Weisheit und Voraussicht zu leben und in allen Handlungen an ethischen Prinzipien festzuhalten. In diesen Texten wird besonders auf die Bedeutung von Demut, Gerechtigkeit, Geduld und der Vermeidung von Gewalt und Misshandlung hingewiesen.

Die Lehren des Ptahhotep

Ptahhotep (Ptahhotep) war ein berühmter weiser Mann im alten Ägypten, der während der 5. Dynastie (um 2400 v. Chr.) als Minister und Berater im königlichen Hof lebte. Sein wichtigstes Werk ist "Die Lehren des Ptahhotep" (Instructions of Ptahhotep), das als einer der ältesten und bedeutendsten Weisheitstexte in der Geschichte der Menschheit gilt.

Die Lehren des Ptahhotep sind eine Sammlung von moralischen, sozialen und philosophischen Ratschlägen, die darauf abzielen, den Menschen zu einem gerechten, weisen und ethischen Leben zu führen. Diese Werke wurden in einfacher Sprache und in Form von direkten Ratschlägen verfasst und betonen Eigenschaften wie Demut, Gerechtigkeit, Ehrlichkeit, Geduld, die Vermeidung von Arroganz und die Aufrechterhaltung der sozialen Ordnung.

Ptahhotep spielte mit seinen Weisheitslehren eine wichtige Rolle in der Geschichte der ägyptischen Philosophie und Ethik. Seine Werke haben in der Entwicklung von moralischen und sozialen Persönlichkeiten Einfluss genommen und werden weiterhin als eine Quelle der Bildung und Weisheit in verschiedenen Kulturen anerkannt. Diese Texte sind nicht nur für das persönliche Leben von Bedeutung, sondern auch für die Schaffung von Ordnung und Gerechtigkeit in der Gesellschaft.

Beispiele aus den Lehren des Ptahhotep

• "Wenn du Reichtum hast, solltest du mit Demut und Geduld handeln. In jeder Situation sollte Fairness und Gerechtigkeit für dich an erster Stelle stehen."

• "Lautes und aggressives Sprechen zeigt Schwäche, aber eine sanfte und logische Stimme zeigt immer Weisheit und Größe."

• "Zähme deinen Zorn, denn nur wenn du deine Ruhe bewahrst, kannst du die richtigen Entscheidungen treffen."

• "Wenn du Wissen suchst, lerne von denen, die mehr wissen als du, denn Weisheit liegt in den Worten der anderen."

• "Wissen und Weisheit werden in der Sprache verwendet, aber wahre Macht liegt in Handlung und richtigem Verhalten."

• "Das Zuhören auf die Worte anderer und das Lernen von ihnen, selbst wenn sie unwissend sind, ist die größte Weisheit."

Wert und Einfluss der Lehren des Ptahhotep

Die Lehren des Ptahhotep sind nicht nur in ihrer eigenen Zeit eine Quelle der Weisheit, sondern auch als moralische und soziale Prinzipien in der Geschichte der Menschheit von Bedeutung. Diese Texte haben nicht nur das Leben der Ägypter beeinflusst, sondern auch die späteren Gesellschaften. Selbst Philosophen und Weisen des antiken Griechenlands wie Sokrates und Platon verwendeten ähnliche Prinzipien in ihren eigenen Lehren.

Wichtige Merkmale der Lehren von Ptahhotep

1. Weisheit und Erfahrung

In seinen Schriften betont Ptahhotep stark die Bedeutung von Weisheit und Erfahrung und glaubt, dass Alter und Erfahrung einer Person bei der richtigen Entscheidungsfindung helfen können. Er fordert junge Menschen auf, die Ratschläge älterer und weiser Menschen zu befolgen.

2. Hervorhebung von Bescheidenheit

Ein herausragendes Merkmal in den Lehren von Ptahhotep ist die Betonung der Bescheidenheit und der Vermeidung von Arroganz. Er rät den Menschen, auch wenn sie in einer hohen Position oder wohlhabend sind, respektvoll und demütig mit anderen umzugehen.

3. Gerechtigkeit und Fairness

Ptahhotep betont in vielen seiner Ratschläge die Bedeutung von Gerechtigkeit und Fairness in zwischenmenschlichen und gesellschaftlichen Beziehungen. Er ist der Meinung, dass gerechte Urteile und richtiges Verhalten gegenüber anderen zur Aufrechterhaltung von Ordnung und Balance in der Gesellschaft führen.

4. Vermeidung von Gewalt und Arroganz

In seinen Lehren hebt Ptahhotep auch hervor, wie wichtig es ist, Gewalt, Arroganz und lautes Gebrüll im Umgang mit anderen zu vermeiden. Er ist der Überzeugung, dass man in schwierigen Situationen mit Geduld und Ruhe reagieren sollte.

5. Achtung der Rechte anderer

In seinen Schriften betont Ptahhotep die Bedeutung der Achtung der Rechte anderer und der Pflege fairer Beziehungen zu anderen Menschen. Er fordert die Menschen auf, immer den Rechten anderer Respekt zu zollen und Ungerechtigkeit zu meiden.

6. Akzeptanz der Wahrheit und der eigenen Fehler

Ptahhotep fordert die Menschen auf, die Wahrheit zu akzeptieren und aus ihren Fehlern zu lernen. In seinen Lehren wird die Bedeutung der Selbstverbesserung und persönlichen Entwicklung hervorgehoben.

Seba und Gerechtigkeit

Im alten Ägypten war Seba tief mit dem Konzept von Ma'at (Gerechtigkeit und kosmische Ordnung) verbunden. Weisheit in Seba war direkt mit der Fähigkeit einer Person verbunden, Gerechtigkeit im sozialen Leben aufrechtzuerhalten und zu fördern. Ägyptische Weisen glaubten, dass jemand, der Seba verstand, nicht nur als gutes Individuum leben konnte, sondern auch eine grundlegende Rolle bei der Aufrechterhaltung der sozialen Ordnung spielte.

Seba und das Verständnis der Natur und der Welt

Seba war auch ein Ausdruck des tiefen Verständnisses der natürlichen und kosmischen Welt. In der Antike war Wissenschaft und Philosophie zunehmend mit religiösen und natürlichen Prinzipien verbunden.

Weisheit in diesem Sinne betraf insbesondere Astronomie, Medizin und Mathematik. Die alten Ägypter nutzten Seba, um natürliche Phänomene wie Stürme, Nilüberschwemmungen und jahreszeitliche Veränderungen zu verstehen und vorherzusagen.

Die Beziehung zwischen Seba und Selbstkenntnis

Seba wurde im alten Ägypten als ein Weg der Selbstkenntnis und des inneren Verständnisses des eigenen Platzes in der Welt angesehen. Aus der Sicht der ägyptischen Philosophen würde eine Person, die Seba verstand, sich selbst und ihre Rolle in der kosmischen Ordnung besser verstehen.

Seba als ein ethisches und soziales Prinzip

Im alten Ägypten wurde Seba nicht nur als Weisheit und Wissen betrachtet, sondern auch als ein grundlegendes ethisches und soziales Prinzip, das die Person zu richtigen Handlungen im Leben und in zwischenmenschlichen Beziehungen anleitete. Dieses Konzept fand sich in den Weisheitstexten des alten Ägyptens und in ihren ethischen und religiösen Lehren wieder und wurde in der ägyptischen Gesellschaft als Maßstab für ein gutes und erfülltes Leben anerkannt.

Philosophische Texte des alten Ägyptens

1. Lehren der Weisen

Die philosophischen Texte Ägyptens waren oft ethische Lehren, die Ratschläge zum richtigen Leben, sozialen Verhalten und der Verantwortung gegenüber anderen gaben. Einige der bekanntesten dieser Texte sind:

• Die Lehren von Ptahhotep: Ein Text über Weisheit, Bescheidenheit und Gerechtigkeit, der als Leitfaden für moralisches und soziales Leben dient.

• Die Lehren von Ani: Ein Text, der Ratschläge zur Bedeutung von Gerechtigkeit, Rechtschaffenheit und Respekt vor anderen enthält.

2. Das Buch der Toten

Dieses Buch enthält Anleitungen für das Leben nach dem Tod und befasst sich mit philosophischen Fragen über die Natur der Seele, den Tod und die Unsterblichkeit.

3. Gespräch des Verzweifelten mit seiner Seele

Dieser philosophische Text ist einer der tiefgründigsten des alten Ägyptens und behandelt ontologische und existenzielle Fragen. In diesem Werk führt ein Mann ein Gespräch mit seiner Seele über die Probleme des Lebens und den Sinn des Todes.

Einfluss des alten Ägyptens auf die griechische Philosophie

Die Reisen der griechischen Philosophen nach Ägypten

Griechische Philosophen wie Thales, Pythagoras und Platon reisten nach Ägypten und wurden von dem Wissen der ägyptischen Priester beeinflusst.

Pythagoras übernahm mathematische Konzepte aus Ägypten, und auch Platon bezieht sich in seinen Lehren auf ägyptische Ideen zu Ordnung und Gerechtigkeit.

Der Begriff der kosmischen Ordnung

Das Konzept von Ma'at hatte einen erheblichen Einfluss auf die griechische Philosophie, insbesondere auf Platons Theorien über Gerechtigkeit und die ideale Ordnung.

Das Leben nach dem Tod

Die ägyptischen Ideen über Unsterblichkeit und das Urteil nach dem Tod beeinflussten die Gedanken griechischer Philosophen wie Platon und seine Anhänger.

Philosophische Themen des alten Ägyptens im Vergleich zu Griechenland

Unterschiede in der Methodologie

Die ägyptische Philosophie war praktischer und ethischer orientiert und behandelte alltägliche Fragen, soziale Gerechtigkeit und das Leben nach dem Tod. Im Gegensatz dazu war die griechische Philosophie abstrakter und befasste sich mit Themen wie Ontologie, Erkenntnistheorie und Metaphysik.

Verschmelzung von Religion und Philosophie

In Ägypten waren Philosophie und Religion untrennbar miteinander verbunden, und philosophische Prinzipien wurden oft in mythologischen und religiösen Erzählungen vermittelt. In Griechenland hingegen trennte sich die Philosophie allmählich von der Religion und entwickelte sich zu einer unabhängigen, rationalen Denkweise.

Zusammenfassung

Schließlich war die Philosophie des alten Ägyptens weniger darauf ausgerichtet, abstrakte Antworten zu finden, sondern strebte nach der Schaffung von Harmonie zwischen Mensch, Natur und Gottheit und betonte, dass das menschliche Leben im Einklang mit spirituellen und ethischen Prinzipien geführt werden sollte.

Mesopotamien

Mesopotamien (das „Land zwischen den Flüssen"), benannt nach seiner Lage zwischen den Flüssen Tigris und Euphrat, ist eine der ältesten Zivilisationen der Menschheit und war der erste Nährboden für organisierte, philosophische Gedanken. Diese Zivilisation umfasste Städte und Reiche wie Sumer, Akkad, Babylon und Assyrien, die alle auf ihre Weise zur Entwicklung menschlichen Denkens und der Weisheit beitrugen. Im Folgenden werden die wichtigsten philosophischen und intellektuellen Aspekte Mesopotamiens erläutert.

Weisheit und ethische Texte

Mesopotamien verfügt über Texte, die als die ersten philosophischen und ethischen Werke der Geschichte gelten. Diese Texte – obwohl sie überwiegend religiöse und praktische Züge trugen – enthielten grundlegende

Fragen zum Leben, zur Gerechtigkeit und zur Rolle des Menschen in der Welt.

Beispiel:

Der Codex Hammurabi ist eine der ältesten und bekanntesten Gesetzessammlungen der Weltgeschichte. Er wurde im 18. Jahrhundert v. Chr. von Hammurabi, dem König Babylons, verfasst. Diese Gesetzessammlung, die etwa 1750 v. Chr. auf einen großen Stein, bekannt als die Hammurabi-Säule, eingraviert wurde, diente damals als Hauptreferenz zur Durchsetzung von Gerechtigkeit und zur Überwachung sozialer, wirtschaftlicher und familiärer Beziehungen im babylonischen Reich.

Hauptmerkmale des Gesetzes von Hammurabi

1. Ziel und Struktur

Das Hauptziel des Gesetzes war es, die soziale Ordnung und Gerechtigkeit in der babylonischen Gesellschaft zu bewahren. Hammurabi erließ die Gesetze, um Korruption, Chaos und Ungerechtigkeit zu verhindern und Fehlverhalten zu kontrollieren. Die Gesetzessammlung umfasst 282 Bestimmungen, von denen jede einen spezifischen rechtlichen oder sozialen Sachverhalt regelt. Dabei lag der Schwerpunkt auf familiären Beziehungen, Eigentum, Handel, Straftaten und Strafen.

2. Das Prinzip „Auge um Auge"

Eines der bekanntesten Merkmale ist das Prinzip der Vergeltung – „Auge um Auge". Dies bedeutet, dass die Strafe dem begangenen Verbrechen angemessen sein muss und der Täter dieselben Folgen zu spüren bekommt, die er seinem Opfer zugefügt hat. So wurde beispielsweise bei einem Mord die Strafe so bemessen, dass sie dem angerichteten Schaden entsprach.

3. Unterschiedliche Strafen je nach sozialer Schicht

Ein auffälliges Merkmal der Hammurabi-Gesetze war, dass Strafen je nach sozialer Stellung variierten. So unterschied sich die Bestrafung eines Verbrechens bei einem freien Mann von jener für einen Sklaven.

4. Familien- und Frauenrechte

Im Gesetz von Hammurabi gab es spezielle Bestimmungen für die Rechte von Frauen und der Familie. Es existierten beispielsweise Regelungen zu Ehe, Scheidung, Erbschaft und Vormundschaft über Kinder. Ein Mann, der seine Frau scheidete, musste beispielsweise einen Scheidungsbeitrag und finanzielle Ansprüche zahlen. Zudem hatten Söhne ein größeres Erbrecht als Töchter, während letztere kein Erbrecht vom Vater erhielten.

5. Wirtschafts- und Handelsgesetze

Die Gesetze befassten sich auch mit Handel, Kreditvergabe und Handelsverträgen. Wer einen Kredit aufnahm und ihn nicht zurückzahlen konnte, musste gemäß Vertrag sein Vermögen verlieren. Bei Betrug in Handelsgeschäften drohten strenge Strafen.

6. Das Justizsystem

Als König stellte sich Hammurabi als oberster Richter dar, und die Gesetze wurden so entworfen, dass die Menschen Klagen vor Gericht einreichen konnten. Das Hammurabi-Gesetz diente somit als Mittel zur Überwachung des Justizsystems und zur Lösung sozialer Konflikte.

Wichtige Punkte zum Hammurabi-Gesetz:

Das Hammurabi-Gesetz ist eine der ersten schriftlich festgehaltenen Gesetzessammlungen, die zur Schaffung von Ordnung in einer Gesellschaft diente. Es war nicht nur in Babylon, sondern auch in zeitgenössischen Gesellschaften einflussreich. Trotz der strengen Vorschriften und kritikwürdiger Aspekte – etwa der gewaltsamen Strafen und der Klassenunterschiede – bemühte sich Hammurabi, Gerechtigkeit in der Gesellschaft zu etablieren. Die Hammurabi-Säule, auf der die Gesetze eingraviert sind, zählt zu den bedeutendsten antiken Artefakten und wird heute im Louvre in Paris aufbewahrt. Dieses Gesetzssystem legte die Grundlagen für spätere Rechtssysteme in anderen Zivilisationen, wobei das Prinzip „Auge um Auge" und die klassenabhängigen Strafen zentrale

Merkmale bleiben, die Hammurabi als einen Pionier der Rechtsgeschichte auszeichnen.

Philosophische Fragen in den Mythen

Mesopotamien verfügt über Mythen, die philosophische Themen wie Tod, Unsterblichkeit, Schicksal und die Beziehung des Menschen zu den Göttern untersuchen.

Das Gilgamesch-Epos:

Dieses Epos, eines der ältesten literarischen Werke der Welt (ca. 2100 v. Chr.), wirft tiefgreifende Fragen zum Sinn des Lebens und zum Tod auf. Gilgamesch, ein König, der nach Unsterblichkeit strebt, erkennt letztlich, dass wahre Unsterblichkeit in guten Taten und den bleibenden Wirkungen eines Menschen liegt. Das Werk, das die Grenzen des Menschseins beleuchtet, bietet ein tiefes Verständnis der Ontologie und existenziellen Philosophie.

Die Beziehung zwischen Mensch und Göttern:

Im mesopotamischen Denken wurde die Welt von einer Vielzahl von Göttern beherrscht, die jeweils spezifische Aufgaben hatten (wie Ninhursag, Anu und Ishtar). Diese Götter waren oft Verkörperungen natürlicher Kräfte oder abstrakter Konzepte, und der Mensch war verpflichtet, sie zu ehren und den göttlichen Gesetzen zu folgen, um die kosmische Ordnung (Mishtaru) aufrechtzuerhalten. Fragen nach der Rolle des Menschen im Angesicht des göttlichen Willens, freiem Willen und Schicksal zählten zu den zentralen Themen des mesopotamischen Denkens.

Einfluss Mesopotamiens auf die westliche Philosophie

Die Reisen griechischer Philosophen nach Ägypten und Mesopotamien

Griechische Philosophen wie Thales, Pythagoras und Platon reisten in diese Regionen und ließen sich von dem Wissen und den Traditionen der mesopotamischen und ägyptischen Priester beeinflussen. Pythagoras übernahm beispielsweise mathematische Konzepte aus Ägypten, während Platon in seinen Theorien über Ordnung und Gerechtigkeit auf mesopotamische Ideen anspielte.

Das Konzept der kosmischen Ordnung

Das Konzept von Ma'at, das die Idee einer ewigen, göttlichen Ordnung verkörpert, beeinflusste maßgeblich die griechische Philosophie, insbesondere Platons Vorstellungen von Gerechtigkeit und einer idealen Ordnung.

Das Leben nach dem Tod

Die ägyptischen und mesopotamischen Vorstellungen von Unsterblichkeit und dem Jüngsten Gericht hatten großen Einfluss auf die Gedanken griechischer Philosophen wie Platon und seine Anhänger.

Vergleich der philosophischen Themen zwischen Ägypten/Mesopotamien und Griechenland

• Methodologische Unterschiede:

Während die Philosophie in Mesopotamien und Ägypten vor allem praktisch und ethisch ausgerichtet war und sich mit Alltagsfragen, sozialer Gerechtigkeit und dem Leben nach dem Tod befasste, war die griechische Philosophie abstrakter und konzentrierte sich auf Themen wie Ontologie, Erkenntnistheorie und Metaphysik.

• Verschmelzung von Religion und Philosophie:

In Ägypten und Mesopotamien waren Philosophie und Religion untrennbar miteinander verknüpft – philosophische Prinzipien wurden oft in mythologischen und religiösen Erzählungen vermittelt. In Griechenland entwickelte sich die Philosophie allmählich zu einer unabhängigen, rationalen Denkweise, die sich von der Religion trennte.

Zusammenfassend lässt sich sagen, dass die Philosophie des alten Mesopotamiens weniger darauf abzielte, abstrakte Antworten zu finden, sondern vielmehr darauf, Harmonie zwischen Mensch, Natur und Gott herzustellen und zu betonen, dass das menschliche Leben im Einklang mit spirituellen und ethischen Prinzipien geführt werden sollte.

Kosmische Ordnung und Gerechtigkeit

Eines der zentralen Konzepte in der mesopotamischen Philosophie war die kosmische Ordnung. Diese Ordnung, die auf göttlichen Gesetzen beruhte, umfasste nicht nur die Natur, sondern auch die sozialen und ethischen Beziehungen der Menschen. Die Könige, als Vertreter der Götter auf Erden, hatten die Pflicht, diese Ordnung aufrechtzuerhalten. Deshalb galten Gesetze und Verordnungen – wie etwa der Codex Hammurabi – nicht nur als praktische Regelwerke, sondern auch als Ausdruck dieser göttlichen Ordnung.

Tod und Unsterblichkeit

Der Tod wurde in Mesopotamien als ein wesentlicher und unausweichlicher Bestandteil des Lebens akzeptiert, doch gleichzeitig war er Gegenstand tiefgehender philosophischer Überlegungen. In den Mythen spiegelt der Kampf um Unsterblichkeit – wie beispielsweise Gilgameschs Suche nach der Pflanze der ewigen Jugend – die menschliche Angst vor dem Tod und den Drang wider, dem Leben einen tieferen Sinn zu verleihen. Der Glaube an das Leben nach dem Tod war in der mesopotamischen Kultur präsent, wenngleich oft mit einer pessimistischen Sicht, da die Welt nach dem Tod als dunkel und trostlos betrachtet wurde.

Mathematik, Astronomie und die Philosophie der Natur

Die Bewohner Mesopotamiens verfügten über ein tiefes Verständnis der Natur und legten durch genaue Beobachtungen die Grundlagen der Mathematik und Astronomie. Diese Beobachtungen dienten nicht nur praktischen Zwecken – wie in der Landwirtschaft und bei der Erstellung von Kalendern –, sondern auch dazu, den Weltall und seine Ordnung zu begreifen und zukünftige Ereignisse vorherzusagen. Fragen nach dem „Warum" und „Wie" natürlicher Phänomene, wie etwa Überschwemmungen oder der Bewegung der Planeten, waren die ersten Schritte hin zu einer Naturphilosophie.

Verflochtenes philosophisches Denken

Das philosophische Denken in Mesopotamien war eng mit Mythen, Ethik und den sozialen Gesetzen verflochten. Obwohl diese Zivilisation vorwiegend praktische und religiöse Fragestellungen behandelte, legte sie die Grundlagen für tiefere Fragen über das Sein, den Tod, die Gerechtigkeit und die Ordnung des Universums. Diese Errungenschaften flossen später über andere Kulturen – unter anderem über Griechenland – in die globale Philosophie ein. Die überlieferten Texte dieser Zivilisation umfassen nicht nur Gesetzestexte wie den Codex Hammurabi, sondern auch religiöse Schriften, die Ethik, soziale Ordnung und die Beziehung zwischen Mensch und Gott betonen. Die philosophischen Fragen dieser Epoche drehten sich vor allem um Gerechtigkeit, Schicksal und das Verhältnis des Menschen zur Natur und zu transzendenten Kräften. Im Gilgamesch-Epos, einem der ältesten literarischen Werke der Welt, werden Themen wie Tod, Unsterblichkeit und der Sinn des Lebens behandelt – ein Spiegel existenzieller Fragen.

Anfang der Philosophie im antiken Griechenland

Die vorsokratischen Philosophen

Thales von Milet, einer der bedeutendsten vorsokratischen Philosophen und einer der ersten Denker, der versuchte, natürliche und philosophische

Phänomene auf der Grundlage von Vernunft und Logik zu erklären, legte den Grundstein der Naturphilosophie im antiken Griechenland. Er lebte etwa von 624 bis 546 v. Chr. in Milet (im heutigen Türkei) und wird als Begründer der griechischen Naturphilosophie angesehen. Thales erzielte nicht nur in der Philosophie, sondern auch in Mathematik, Astronomie und Ingenieurwesen bedeutende Fortschritte. Seine Ideen markierten den Übergang vom mythischen Denken hin zu logischem und empirischem Denken.

Das Leben des Thales

Thales gehörte zu den Sieben Weisen Griechenlands und war zu seiner Zeit als politischer Berater, Wissenschaftler und Philosoph bekannt. Es wird berichtet, dass er zu Studienzwecken nach Ägypten reiste und dabei von den mathematischen und geometrischen Kenntnissen der Ägypter beeinflusst wurde. Seine Rückkehr nach Griechenland führte dazu, dass dieses Wissen in die griechische Welt übertragen wurde. Thales war auch für seine praxisorientierte Denkweise berühmt. Eine überlieferte Anekdote berichtet, dass er seine unternehmerische Klugheit unter Beweis stellte, indem er den Olivenernteertrag vorhersagte und durch den vorausschauenden Kauf von Ölmühlen beachtliche Gewinne erzielte.

Philosophische Lehren des Thales

Wasser als Arche (Urprinzip)

Thales vertrat die Ansicht, dass Wasser der Ursprung und das Fundament aller Dinge in der Welt ist – ein Konzept, das mit dem Begriff der „Arche" (Urprinzip oder grundlegendes Element) verknüpft ist.

Seine Beobachtungen lieferten die Grundlage für diese Theorie:

• Wasser ist lebensnotwendig.

• Die Zustandsänderungen des Wassers (fest, flüssig, gasförmig) demonstrieren seine Anpassungsfähigkeit.

• Die Erde und alle Lebewesen bestehen aus Feuchtigkeit.

• Er glaubte zudem, dass die Erde auf dem Wasser schwimmt, was seiner Ansicht nach für deren Stabilität spreche.

Naturbezogenheit und das Ablegen mythischer Erklärungen

Anstatt sich auf mythische Erklärungen zu stützen, suchte Thales nach natürlichen Begründungen für Phänomene. Er war überzeugt, dass die Welt einer inneren Ordnung und Gesetzmäßigkeit unterliegt, die durch Beobachtung und Vernunft erfasst werden kann.

Die Belebtheit der Welt (Hylozoismus)

Thales war der Meinung, dass alles in der Welt „lebendig" oder beseelt ist. Er betrachtete sogar Phänomene wie Magnetismus – die Fähigkeit von Magneten, andere Objekte anzuziehen – als Hinweis auf eine Art Lebendigkeit in unbelebten Dingen.

Kosmologie

Thales stellte sich die Erde als eine flache Scheibe vor, die auf Wasser schwimmt. Er war überzeugt, dass alle natürlichen Phänomene – etwa Erdbeben – wissenschaftlich erklärbar sind und keine Rückgriffe auf göttliche Intervention nötig haben.

Schlüsselerrungenschaften und Kernüberzeugungen Thales'

Begründer der Naturphilosophie

Thales war einer der ersten Philosophen, der versuchte, die Welt wissenschaftlich und logisch zu verstehen. Er glaubte, dass die Welt aus einem grundlegenden Stoff besteht – und suchte nach diesem Element statt nach übernatürlichen Kräften oder Göttern.

Wasser als Urprinzip (Arche)

Thales vertrat die Auffassung, dass Wasser das fundamentale Element und der Ursprung aller Dinge ist. Er stellte fest, dass Wasser überall präsent ist und für das Leben unerlässlich ist – sei es als Regen, in Flüssen, Meeren oder im Körper lebender Wesen. Thales ging sogar davon aus, dass die Erde auf dem Wasser schwimmt. Auch wenn diese Idee heute nicht als wissenschaftliche Theorie anerkannt wird, verdeutlicht sie doch seinen Versuch, das Universum auf natürliche und einheitliche Weise zu erklären.

Die Welt als ein geordnetes System

Thales glaubte, dass die Welt geordnet und gesetzmäßig ist und dass sie durch Beobachtung und logische Überlegungen verstanden werden kann. Er war einer der ersten Denker, der betonte, dass die Welt von natürlichen Prinzipien beherrscht wird und nicht von göttlichem Willen.

Der erste Kosmologe

Thales versuchte, das Universum wissenschaftlich zu erklären. Er postulierte, dass die Erde wie eine Scheibe auf Wasser schwimmt. Seine Ideen wurden später von anderen Philosophen und Wissenschaftlern weiter untersucht und ausgebaut.

Mathematik und Geometrie

Neben der Philosophie widmete sich Thales auch der Mathematik und Geometrie und machte bedeutende Beiträge in diesem Bereich. Einige der ihm zugeschriebenen geometrischen Grundsätze sind:

• Ein Kreis wird durch seinen Durchmesser in zwei gleich große Hälften geteilt.

• Die Basiswinkel eines gleichschenkligen Dreiecks sind gleich.

• Wenn zwei Linien sich kreuzen, sind die gegenüberliegenden Winkel gleich.

• Thales nutzte die Geometrie auch, um praktische Probleme zu lösen, wie etwa die Messung der Höhe von Pyramiden oder die Bestimmung der Entfernung von Schiffen zur Küste.

Vorhersage einer Sonnenfinsternis

Es wird berichtet, dass Thales im Jahr 585 v. Chr. eine Sonnenfinsternis vorhersagen konnte. Obwohl die genauen Details dieser Behauptung unklar bleiben, zeigt sie seinen Einsatz für wissenschaftliche Prinzipien bei der Untersuchung der Natur.

Die Theorie der Belebtheit der Dinge

Thales glaubte, dass alles im Universum „lebendig" oder „beseelt" ist. Diese Auffassung wird als Hylozoismus bezeichnet. So sah er beispielsweise in Magneten, die andere Objekte anziehen, einen Hinweis darauf, dass auch unbelebte Dinge eine Art Lebendigkeit besitzen

Eigenschaften der Methodologie von Thales

1. Rationalität und Beobachtung

Thales legte großen Wert auf direkte Beobachtung der Natur als Grundlage für das Verstehen. Er war der erste, der die Philosophie vom Aberglauben hin zur Erkenntnis durch Beobachtung und Vernunft transformierte.

2. Streben nach Einheitlichkeit des Universums

Er versuchte, durch die Einführung eines grundlegenden Prinzips (der Arche) die sichtbare Vielfalt der Welt auf eine elementare Einheit zurückzuführen. Diese Idee inspirierte später Philosophen wie Anaximander, Anaxagoras und sogar Platon.

Einfluss von Thales

Als erster Philosoph trennte Thales die Philosophie von mythischen Erklärungen und legte den Grundstein für die Naturphilosophie. Er war überzeugt, dass sich die Welt durch logische und natürliche Prinzipien erklären lässt. Philosophen wie Anaximander, Anaxagoras sowie Platon und Aristoteles ließen sich von seinen Ideen inspirieren. Seine Beiträge in Mathematik und Astronomie haben Forscher und Wissenschaftler in den folgenden Jahrhunderten maßgeblich beeinflusst. Thales spielte als erster westlicher Philosoph eine Schlüsselrolle dabei, die Philosophie von mythologischen Erklärungen abzulösen und das rationale Denken einzuleiten. Durch seine Suche nach einem einheitlichen Urprinzip (Wasser) und die Anwendung wissenschaftlicher Beobachtungen ebnete er den Weg, der von nachfolgenden Denkern fortgeführt wurde. Seine Errungenschaften in Philosophie, Mathematik und Naturwissenschaft haben ihn zu einem der Grundpfeiler des wissenschaftlichen und philosophischen Denkens im Westen gemacht.

Kritik an Thales' Theorien

Obwohl seine Idee, dass Wasser der Ursprung aller Dinge sei, heute nicht mehr als wissenschaftlich gültig angesehen wird, markiert sie den Beginn des Versuchs, natürliche Erklärungen für das Universum zu finden. Seine Theorien über die Erde und das Weltall sind aus heutiger Sicht wissenschaftlich unzutreffend, besitzen jedoch einen unschätzbaren historischen und philosophischen Wert.

Zusammenfassend kann gesagt werden: Thales gilt als erster westlicher Philosoph und als einer der Begründer der Philosophie, Mathematik und Naturwissenschaft. Durch sein logisches Denken und seine Bemühungen, die natürliche Welt zu verstehen, leistete er einen bedeutenden Beitrag zur Trennung der Philosophie von Mythen. Auch wenn seine Theorien heute als erste, grundlegende Ansätze betrachtet werden, ist seine historische Bedeutung für die Entwicklung des wissenschaftlichen und philosophischen Denkens unbestreitbar.

Anaximander

Anaximander (griechisch: Ἀναξίμανδρος) war ein vorsokratischer Philosoph und Zeitgenosse sowie Schüler von Thales, der in Miletos (im heutigen Türkei) etwa zwischen 610 und 546 v. Chr. lebte. Er war einer der ersten Denker, der versuchte, das Universum und seine Phänomene auf natürliche und rationale Weise zu erklären, und widmete sich der Frage nach dem Ursprung und der Struktur der Welt.

Errungenschaften und Lehren von Anaximander

Die Arche und das Konzept des Apeiron

Im Gegensatz zu Thales, der Wasser als den Urstoff ansah, führte Anaximander den Begriff des Apeiron (ἄπειρον) ein, was so viel bedeutet wie „das Unendliche" oder „das Grenzenlose". Das Apeiron ist ein Prinzip, das jenseits jeder konkreten Materie liegt und aus dem alles entsteht und letztlich zurückkehrt. Anaximander war überzeugt, dass dieses ewige, unbegrenzte und unveränderliche Prinzip die Quelle von Vielfalt und Wandel im Universum ist.

Kosmologie

Anaximander war einer der ersten Philosophen, der versuchte, das Weltall wissenschaftlich und im Einklang mit den Naturgesetzen zu beschreiben. Er stellte sich die Erde als einen zylindrischen Körper vor, der in der Mitte des Universums schwebt, ohne sich auf etwas zu stützen. Zudem glaubte er, dass die Himmelskörper feurige Ringe sind, die von einer dichten Atmosphäre umgeben und durch Öffnungen, ähnlich wie bei Sonne und Mond, erleuchtet werden.

Theorie zur Entstehung von Welt und Leben

Anaximander legte eine der frühesten Theorien über den Ursprung des Lebens vor. Er vertrat die Ansicht, dass:

• Das Leben aus Wasser und Erde unter Einwirkung von Wärme entstanden ist.

• Die ersten Lebewesen im Meer entstanden und sich nach und nach an das Leben an Land anpassten.

• Der Mensch sich evolutionär aus den anfänglichen Wasserlebewesen entwickelte, was daran liegt, dass menschliche Neugeborene ohne elterliche Fürsorge nicht überleben könnten – ein Hinweis auf einen schrittweisen Entwicklungsprozess.

Ordnung und Gerechtigkeit in der Natur

Anaximander glaubte, dass in der Natur eine Ordnung herrscht, in der die Elemente (wie Wasser, Feuer, Wind und Erde) stets in einem ausgewogenen Verhältnis zueinander stehen. Dieses natürliche Gleichgewicht beschrieb er als „Gerechtigkeit" in der Natur, in der ein Übermaß eines Elements durch ein anderes ausgeglichen wird.

Kartographie

Er war einer der ersten, der versuchte, eine Karte der damals bekannten Welt zu zeichnen, und vertrat die Auffassung, dass die Erde eine kreisförmige Fläche ist, die von einem Ozean umgeben wird.

Methodologie von Anaximander

• Wissenschaftliche und rationale Methode: Anaximander verließ sich nicht auf Mythen oder religiöse Erklärungen, sondern bemühte sich, Naturphänomene mittels logischer Argumentation und Beobachtung zu erklären.

• Studium der Natur: Er untersuchte Phänomene wie Wind, Regen und Erdbeben und ordnete sie natürlichen Gesetzen zu – so sah er etwa Erdbeben als Ergebnis von Trockenheit und Feuchtigkeit der Erde.

• Welt ohne Götter: Im Gegensatz zu den damals vorherrschenden mythischen Erklärungen versuchte er, Naturphänomene ohne die Einbeziehung göttlicher Intervention zu erklären.

Einfluss und Bedeutung von Anaximander

• Pionier der Naturphilosophie: Er war der erste, der ein Prinzip jenseits der bekannten materiellen Elemente (wie Wasser, Luft oder Erde) als Ursprung des Universums vorschlug.

• Das Konzept des Apeiron: Dieses Konzept war ein Meilenstein in der Philosophie und inspirierte spätere Denker wie Anaximenes und Heraklit.

• Einfluss auf die Kosmologie: Seine Theorien über die Struktur der Erde und des Universums beeinflussten viele nachfolgende Philosophen und Wissenschaftler.

• Grundlage für wissenschaftliche Theorien: Seine Ideen zur Entstehung des Lebens und der Entwicklung der Lebewesen legten den Grundstein für spätere wissenschaftliche Untersuchungen in diesen Bereichen.

Kritik an Anaximanders Theorien

Obwohl seine Theorien für seine Zeit fortschrittlich und innovativ waren, erscheinen sie aus heutiger wissenschaftlicher Sicht sehr primitiv. Einige seiner Ideen, etwa die Form der Erde oder den Ursprung des Lebens, basieren nicht auf experimentellen Beweisen, sondern auf philosophischer Argumentation.

Zusammenfassend gilt Anaximander als einer der bedeutendsten vorsokratischen Philosophen, der durch die Einführung des Apeiron und seine rationalen Erklärungen natürlicher Phänomene maßgeblich zur Entstehung der Naturphilosophie und der wissenschaftlichen Kosmologie beitrug. Obwohl seine Theorien heute als erste Ansätze gelten, bleibt ihre historische und philosophische Bedeutung unbestritten.

Heraklit

Heraklit (Heraclitus) zählt zu den herausragendsten vorsokratischen Philosophen. Er lebte etwa zwischen 475 und 535 v. Chr. in Ephesos (im heutigen Türkei) und ist berühmt für seine tiefgreifenden, symbolischen Ansichten über den Wandel, die Einheit der Gegensätze und die Natur des Universums. Seine Werke sind meist in poetischer und oft mehrdeutiger Sprache verfasst worden, weshalb er auch als der „dunkle Philosoph" bekannt ist.

Zentrale Lehren von Heraklit

Ständige Veränderung (Panta Rhei)

Heraklit betonte, dass „alles fließt" (Panta Rhei) und dass Veränderung die einzige Konstante im Universum ist. Er veranschaulichte dies mit der berühmten Metapher: „Niemand kann zweimal in denselben Fluss steigen, denn sowohl der Fluss als auch der Mensch haben sich verändert."

Logos

Er führte das Konzept des Logos ein, das als das Prinzip der Vernunft, Ordnung oder des Gesetzes im Universum verstanden werden kann. Der Logos sorgt trotz des ständigen Wandels für eine grundlegende Ordnung und Harmonie, auch wenn viele Menschen diesen oft nicht vollständig begreifen.

Einheit der Gegensätze

Heraklit war überzeugt, dass Gegensätze nicht im Widerspruch zueinander stehen, sondern notwendig sind, um das Gleichgewicht des Universums aufrechtzuerhalten. Dinge wie Tag und Nacht, Leben und Tod, Krieg und Frieden definieren einander und bedingen sich gegenseitig. Er drückte dies mit dem Satz aus: „Der Krieg ist der Vater aller Dinge, und alles entsteht aus dem Konflikt."

Feuer als grundlegendes Element

Im Gegensatz zu anderen Vorsokratikern, die Wasser oder Luft als grundlegendes Element betrachteten, sah Heraklit das Feuer als das Urprinzip der Welt. Er betrachtete Feuer als Symbol für ständigen Wandel, Bewegung und Transformation.

Gesellschaftskritik

Heraklit äußerte scharfe Kritik an der Unfähigkeit der Menschen, die Wahrheit zu erkennen. Er meinte, dass die meisten Menschen nicht auf den Logos hören und in Dunkelheit leben. Er kritisierte jene, die an traditionellen und oberflächlichen Überzeugungen festhalten, und forderte sie auf, tiefer zu blicken.

Eigenschaften der Philosophie Heraklits

1. Symbolik und komplexe Sprache:

Seine Schriften sind oft in kurzen, poetischen und metaphorischen Sätzen verfasst, was die Interpretation erschwert und vielfältige Deutungen zulässt.

2. Dynamischer Realismus:

Heraklit vertrat die Auffassung, dass die Realität ständig im Wandel ist. Anders als Philosophen, die auf unveränderliche Prinzipien setzten, betonte er die Dynamik des Seins.

3. Gleichgewicht durch Gegensätze:

Für Heraklit sind Gegensätze nicht nur konträr, sondern ergänzen sich, um eine tiefere, universelle Ordnung zu schaffen.

Kritik und Herausforderungen an Heraklits Philosophie

• Komplexer Schreibstil:

Heraklits poetischer und oft verschlüsselter Sprachstil erschwert das Verständnis seiner Werke, sodass sie Raum für zahlreiche Interpretationen lassen und manchmal verwirrend wirken.

• Symbolik und Rätselhaftigkeit:

Obwohl sein Stil ihm erlaubt, tiefe Konzepte auszudrücken, bleibt vieles seiner Botschaften aufgrund fehlender klarer Erklärungen über Generationen hinweg geheimnisvoll.

• Widerspruch zu festen Prinzipien:

Heraklits Auffassung, dass „nichts beständig ist", steht im Gegensatz zu den Ansichten von Philosophen wie Parmenides, die die Unveränderlichkeit des Seins betonten. Parmenides und seine Anhänger sahen den Wandel als Illusion und glaubten, dass wahre Realität in der Beständigkeit liegt.

• Konzeptuelle Herausforderungen:

Seine Philosophie wirft die Frage auf, wie man das Unveränderliche in einer Welt erkennen kann, die sich ständig verändert. Kritiker argumentierten, dass die Wahrheit in etwas Festem liegen müsse, während Heraklit den ständigen Wandel als zentral erachtete.

Einfluss der Vorsokratiker und abschließende Kritik

Obwohl die Theorien von Thales, Anaximander und Heraklit aus heutiger Sicht als primitiv gelten, markierten sie den Beginn des rationalen Denkens und der naturwissenschaftlichen Philosophie. Ihre Ansätze, das Universum ohne Rückgriff auf mythische Erklärungen zu verstehen, legten den Grundstein für die Entwicklung der westlichen Wissenschaft und Philosophie.

Methodologische Eigenschaften von Thales

1. Rationalität und Beobachtung

Thales glaubte an die Bedeutung der direkten Beobachtung der Natur als Grundlage des Verstehens. Er war der erste, der die Philosophie vom Aberglauben weg und hin zu einem auf Beobachtung und Vernunft basierenden Denken entwickelte.

2. Streben nach Einheitlichkeit

Er versuchte, durch die Einführung eines einheitlichen Prinzips (der Arche, in seinem Fall Wasser) die scheinbare Vielfalt der Welt auf ein fundamentales Element zu reduzieren. Diese Idee inspirierte später Denker wie Anaximander, die ebenfalls nach einem einheitlichen Ursprung suchten.

Einfluss von Thales

Thales trennte als erster Philosoph die mythischen Erklärungen von der rationalen und legte damit den Grundstein für die Naturphilosophie. Seine Überzeugung, dass sich die Welt durch logische und natürliche Prinzipien erklären ließe, beeinflusste spätere Philosophen wie Anaximander, Anaxagoras, Platon und Aristoteles. Seine Beiträge in Mathematik und Astronomie inspirierten Forscher und Wissenschaftler in den folgenden Jahrhunderten. Als erster westlicher Philosoph spielte er eine bedeutende Rolle dabei, die Philosophie von Mythen zu lösen und das rationale Denken einzuleiten. Seine Suche nach einem universellen Prinzip (Wasser) und die Anwendung wissenschaftlicher Beobachtungen ebneten den Weg für die nachfolgenden Entwicklungen in Wissenschaft und Philosophie.

Kritik an Thales' Theorien

Auch wenn Thales' Idee, dass Wasser der Ursprung aller Dinge sei, heute nicht mehr als wissenschaftlich gültig betrachtet wird, markiert sie doch den Beginn des Versuchs, natürliche Erklärungen für das Universum zu finden. Seine Theorien über die Erde und das Weltall gelten aus heutiger Sicht als unzutreffend, besitzen jedoch einen unschätzbaren historischen und philosophischen Wert.

Einfluss von Thales

Thales gilt als einer der ersten westlichen Philosophen und als einer der Begründer der Philosophie, Mathematik und Naturwissenschaft. Durch sein logisches Denken und seinen Versuch, die natürliche Welt zu verstehen, leistete er einen entscheidenden Beitrag zur Trennung der Philosophie von mythischen Erklärungen. Auch wenn seine Theorien heute als erste Ansätze betrachtet werden, ist seine historische Bedeutung für die Entwicklung des wissenschaftlichen und philosophischen Denkens unbestritten.

Konfrontation mit Traditionen

Heraklit stellte fortwährend die gesellschaftlichen Traditionen und allgemeinen Überzeugungen infrage. Er war der Ansicht, dass viele Menschen die Wahrheit nicht richtig erfassen und oft nur oberflächlich auf die Realität blicken. Als Philosoph betrachtete er das kollektive Verhalten kritisch, weshalb er als unkonventioneller und sogar zurückgezogener Denker bekannt wurde. Zudem widersprach er nicht nur den gängigen Ideen seiner Zeit, sondern distanzierte sich aktiv von ihnen. Er war überzeugt, dass viele soziale und kulturelle Konzepte auf Illusionen und falschen Auffassungen der Realität beruhen. Daraus ergab sich sein Streben, eine tiefere und von den populären Ansichten abweichende Wahrheit zu entdecken.

Soziale und ethische Herausforderungen

Ein zentrales Problem, dem Heraklit begegnete, war seine geringe Beteiligung am gesellschaftlichen Leben. Er hielt sich bewusst von öffentlichen Zusammenkünften fern, was dazu führte, dass viele ihn als isolierten Philosophen wahrnahmen.

Ein weiteres Spannungsfeld bildete das Verhältnis zwischen Veränderung und Ethik: Obwohl Heraklit den ständigen Wandel betonte, wirft dies die Frage auf, wie dieser Wandel mit einer festen ethischen Ordnung vereinbar ist. Bedeutet permanente Veränderung zwangsläufig moralische Instabilität, oder kann in einer Welt im stetigen Fluss dennoch eine universelle, beständige Ethik gefunden werden?

Einfluss von Heraklit

Heraklit zählt zu den bedeutendsten vorsokratischen Denkern, der das Universum als ein dynamisches, sich ständig veränderndes System betrachtete. Mit seiner Betonung der kontinuierlichen Veränderung, der Einheit der Gegensätze und der kosmischen Ordnung (Logos) präsentierte er eine originelle und innovative Perspektive. Obwohl seine philosophischen Schriften aufgrund ihrer mehrdeutigen, poetischen Sprache komplex und interpretationsbedürftig sind, üben seine Ideen weiterhin einen nachhaltigen Einfluss auf philosophische, wissenschaftliche und spirituelle Diskurse aus.

Seine Ansichten erstreckten sich nicht nur auf abstrakte philosophische Fragen, sondern berührten auch soziale und ethische Bereiche. Mit seinen Überlegungen konnte er tiefgreifende Diskussionen über Wahrheit, Wandel und Beständigkeit anstoßen. Allerdings führen seine oft rätselhaften Formulierungen und die Kritik seiner Zeitgenossen dazu, dass seine Ideen herausfordernd bleiben und vielfältige Interpretationen erfordern.

Parmenides

Parmenides war einer der bedeutendsten vorsokratischen Philosophen des antiken Griechenlands, der im 6. Jahrhundert v. Chr. lebte. Er stammte aus Elea im Süden Italiens und hatte einen tiefgreifenden Einfluss auf die westliche Philosophie. Parmenides' Denken steht in scharfem Gegensatz zu den Ansichten von Heraklit.

Grundprinzipien der Philosophie Parmenides'

• Unveränderliches Sein:

Seine wichtigste Lehre besagte, dass das Sein fest und unveränderlich ist – es gibt keinen echten Wandel oder Bewegung. Parmenides war überzeugt, dass alles, was existiert, ewig und unveränderlich sein muss. Daraus schloss er, dass Veränderung lediglich eine Illusion ist und nur das „Sein" real existiert.

• Unterscheidung zwischen Wahrheit und sinnlicher Wahrnehmung:

Parmenides betonte, dass die Wahrheit allein durch Vernunft und Denken erkannt werden kann und nicht durch sinnliche Erfahrungen. Nach seiner Ansicht sind unsere Sinne, die auf Wandel und Vielfalt basieren, unzuverlässig, weshalb er zwischen „dem, was ist" und „dem, was uns in den Sinnen erscheint" scharf unterschied.

• Ablehnung von Veränderung und Vielfalt:

Er widersprach den gängigen Vorstellungen über physische Veränderungen. Parmenides war der Meinung, dass, wenn etwas vom „Sein" zum „Nichtsein" übergehen würde, dies ein Widerspruch sei, denn was sich ändert, kann nicht wirklich existieren.

• Logische Argumente für das unveränderliche Sein:

In seinem berühmten Gedicht „Über die Natur" versuchte Parmenides, mit Hilfe der Logik zu beweisen, dass Veränderung und Vielfalt in der Welt nicht existieren können. Er argumentierte, dass das Sein nicht aus dem Nichtsein entstehen könne – daher sei Veränderung unmöglich.

• Widerspruch zu Heraklit:

Während Heraklit den ständigen Wandel als wesentliches Merkmal der Natur betrachtete und sagte, dass „alles fließt", widersprach Parmenides dem fundamental, indem er betonte, dass nur das unveränderliche Sein real ist. Dieser Gegensatz führte zu diametral entgegengesetzten Auffassungen über die Natur der Wirklichkeit.

Bedeutung von Parmenides' Philosophie

Parmenides hatte einen enormen Einfluss auf die Entwicklung der Philosophie. Er lehrte, dass Wahrheit ausschließlich durch Denken und logische Argumentation erfasst werden kann und nicht durch die Sinne. Sein Fokus auf Beständigkeit und Einheit des Seins beeinflusste Philosophen wie Platon und Aristoteles, die ihre metaphysischen und ontologischen Theorien darauf aufbauten. Durch seine Ablehnung der sinnlichen Erfahrung als verlässliche Quelle der Erkenntnis legte er den Grundstein für eine Philosophie, die sich mit dauerhaften, unveränderlichen Realitäten befasst.

Sokrates

Sokrates zählt zu den bedeutendsten Philosophen des antiken Griechenlands und gilt als Begründer der westlichen Philosophie. Er lebte in Athen und widmete sein Leben dem Hinterfragen grundlegender Themen wie Wahrheit, Gerechtigkeit, Tugend und Wissen. Sokrates hinterließ keine schriftlichen Werke; alles, was wir über ihn wissen, stammt von seinen Schülern – insbesondere Platon, Xenophon – sowie von den Berichten des athener Dichters Aristophanes.

Das Leben von Sokrates

Sokrates wurde um 469 v. Chr. in Athen geboren. Sein Vater, Sophroniskos, war Steinmetz, und seine Mutter, Phainarete, war Hebamme. In jungen Jahren folgte er zunächst dem Handwerk seines Vaters, widmete sich aber später vollständig der Philosophie. Er heiratete Xanthippe, die in einigen Berichten als temperamentvoll beschrieben wird. Sokrates war für seine asketische Lebensweise bekannt; er legte keinen Wert auf Reichtum und verbrachte viel Zeit in den öffentlichen Plätzen Athens, um mit seinen Mitmenschen zu diskutieren.

Die sokratische Methode: Dialektik

Sokrates initiierte Dialoge, in denen er durch präzise und aufeinanderfolgende Fragen die Menschen dazu brachte, ihre eigenen Überzeugungen zu hinterfragen. Diese Methode, die als sokratische Methode oder dialektische Methode bekannt ist, zielte darauf ab, den eigenen Unwissendheit zu erkennen und dadurch der Wahrheit näherzukommen. Eine seiner berühmtesten Aussagen fasst er in den Worten zusammen: „Ich weiß, dass ich nichts weiß." Diese Erkenntnis spiegelt seine philosophische Demut und den Wert der ständigen Suche nach Wissen wider.

Philosophische Themen bei Sokrates

• Tugend und Ethik:

Sokrates war überzeugt, dass Tugend das höchste Ziel des menschlichen Lebens ist. Er glaubte, dass Wissen und Tugend untrennbar miteinander verbunden sind – wer die Wahrheit kennt, kann nicht böse handeln.

• Gerechtigkeit und Politik:

Er interessierte sich stark für das Konzept der Gerechtigkeit und war der Ansicht, dass eine gerechte Regierung auf Tugend und Weisheit beruhen sollte. Dabei übte er Kritik an der Demokratie und vertrat die Meinung, dass nur diejenigen, die genügend Wissen besitzen, auch das Recht haben sollten, zu herrschen.

• Die Seele (Psyche):

Sokrates betonte die Bedeutung der Pflege der Seele, da er glaubte, dass diese wichtiger ist als materielle Güter.

Der Prozess und Tod von Sokrates

Im Jahr 399 v. Chr. wurde Sokrates wegen zweier Anschuldigungen vor Gericht gestellt:

1. Gotteslästerung – wegen mangelnden Respekts gegenüber den offiziellen Göttern Athens.

2. Verderben der Jugend – durch das Lehren von Ideen, die die traditionellen Werte in Frage stellten.

In seiner Verteidigung (wie in Platons „Apologie" überliefert) verteidigte er seinen Lebensstil und seine Lehren, blieb jedoch unbeirrt in seinen Überzeugungen. Er wurde zum Trinken des Schierlingsbechers verurteilt, was er in Gelassenheit annahm, da er glaubte, den Gesetzen auch dann zu folgen, wenn sie ungerecht sein sollten.

Einfluss von Sokrates

Sein berühmtester Schüler, Platon, entwickelte die sokratischen Ideen in Werken wie „Der Staat" und „Phaidon" weiter. Platon selbst wurde wiederum der Lehrer von Aristoteles, und diese Kette hat die Entwicklung der westlichen Philosophie maßgeblich geprägt. Die sokratische Methode bildet bis heute die Grundlage für kritisches Denken und rationale Argumentation. Sokrates' Betonung von Ethik, Wissen und Wahrheit inspiriert weiterhin Philosophen und Denker.

Sokrates in der Geschichte

Sokrates gilt nicht nur als Philosoph, sondern als Symbol für Standhaftigkeit angesichts sozialer und politischer Repression. Für viele ist er ein Vorbild dafür, dass man für Wahrheit und Prinzipien bis zum Äußersten einstehen sollte.

Platon: Der große Philosoph des antiken Griechenlands

Platon, einer der größten Philosophen der Geschichte und Mitbegründer der westlichen Philosophie, wurde 427 v. Chr. in Athen geboren und starb 347 v. Chr. Als Schüler von Sokrates und Lehrer von Aristoteles hatte er einen enormen Einfluss auf das philosophische, wissenschaftliche und kulturelle Denken weltweit.

Hauptinhalt des Dialogs

Philosophie und Tod

Sokrates sieht den Tod als die Trennung der Seele vom Körper und ist überzeugt, dass ein wahrer Philosoph den Tod nicht als ein Ende betrachtet, sondern als eine Gelegenheit, zur reinen Wahrheit zu gelangen und die Seele von den Fesseln des Körpers zu befreien.

Sokrates präsentiert vier philosophische Argumente zur Beweisführung der Unsterblichkeit der Seele. Er argumentiert, dass Leben und Tod in einem endlosen Kreislauf existieren. So wie die Lebenden aus den Toten hervorgehen, müssen auch die Toten wieder aus den Lebenden auferstehen – ein Kreislauf, der das Fortbestehen der Seele symbolisiert. Sokrates glaubt, dass Wissen in Wirklichkeit das Erinnern an Dinge ist, die die Seele in einer vorgeburtlichen Welt gesehen hat; daher muss die Seele bereits vor dem physischen Leben existiert haben. Er erklärt, dass die Seele, im Gegensatz zum Körper, aus einer einfachen, unteilbaren Substanz besteht und daher nicht zerstört werden kann. Da die Seele als Ursprung des Lebens fungiert, kann sie dem Tod – der das Gegenteil von Leben darstellt – nicht unterworfen sein.

Sokrates stellt damit materialistischen Ansichten, die behaupten, die Seele sei nur eine Funktion des Körpers, entgegen und betont die Bedeutung ethischer Werte sowie eines geistigen, sinnhaften Lebens. Am Ende des Dialogs zeigt er durch seine Ruhe und sein Vertrauen in die Philosophie und die Unsterblichkeit der Seele, dass er bereit ist, den Schierlingsbecher zu trinken. Während seine Freunde weinen, versichert er ihnen, dass seine Seele an einen besseren Ort gelangen wird.

Schlüsselkonzepte in „Phaidon"

• Philosophie als Vorbereitung auf den Tod:

Aus Sokrates' Sicht dient die Philosophie als Übung für den Tod. Der Philosoph, der auf der Suche nach der Wahrheit ist, strebt stets danach, sich von den Begrenzungen des Körpers zu befreien.

• Konfrontation von Seele und Körper:

In diesem Dialog wird der Körper als Hindernis für die Erkenntnis der Wahrheit dargestellt, während die Seele, ausgestattet mit Vernunft und der Fähigkeit, wahres Wissen zu erlangen, im Mittelpunkt steht.

Bedeutung und Einfluss von „Phaidon"

„Phaidon" gehört zu den tiefgründigsten Werken Platons und hat weitreichende Auswirkungen auf die westliche Philosophie, insbesondere in den Bereichen Metaphysik, Ethik und Theologie. Die in diesem Werk behandelten Themen – etwa die Unsterblichkeit der Seele und die Bedeutung eines tugendhaften Lebens – werden weiterhin von Philosophen und Denkern diskutiert. „Phaidon" zeigt den tiefen Glauben Sokrates' an die Philosophie und ein ethisch geführtes Leben. Dieses Buch befasst sich nicht nur mit einer der grundlegendsten Fragen des Menschen – dem Tod und der Unsterblichkeit der Seele – sondern inspiriert auch zu einem Leben, das auf Wahrheit und Tugend beruht.

Der Dialog „Phaedrus"

„Phaedrus" ist einer der bedeutendsten Dialoge Platons, in dem verschiedene Themen wie Liebe, Schönheit, Rhetorik und die Beziehung zwischen Geist und Körper behandelt werden. Dieser Dialog gilt als einer der schönsten und tiefgründigsten unter Platons Werken und erfolgt in einer künstlerischen und philosophischen Form durch die Gespräche zwischen Sokrates und Phaedrus, einem seiner Schüler.

Zusammenfassung des Dialogs „Phaedrus"

In diesem Dialog unterhalten sich Sokrates und Phaedrus am Ufer eines Flusses in Athen. Phaedrus berichtet Sokrates von den Reden eines Rhetorikers namens Palamides und bittet ihn, über diese Themen weiter nachzudenken. Im Laufe des Gesprächs geht Sokrates auf verschiedene Themen ein und analysiert tiefere Bedeutungen in Bezug auf Liebe, Schönheit und Wahrheit.

Schlüsselkonzepte in „Phaedrus"

• Liebe:

Eines der Hauptthemen des Dialogs ist die Untersuchung der Natur der Liebe (Eros). Sokrates und Phaedrus diskutieren verschiedene Sichtweisen auf die Liebe. Sokrates betrachtet die Liebe nicht nur als ein persönliches Gefühl der Anziehung, sondern als eine transzendente Kraft, die die menschliche Seele zur Wahrheit und Schönheit hinführt. Dieses Liebeskonzept wird in anderen Dialogen Platons, insbesondere im „Symposion", weiterentwickelt.

• Rhetorik und Redekunst:

In einem Teil des Dialogs spricht Sokrates über die Macht der Rhetorik und kritisiert trügerische Redekunst, wie sie von Palamides praktiziert wird. Er betont, dass wahre Redekunst auf Wahrheit basieren sollte und nicht dazu dienen darf, die Emotionen der Menschen zu manipulieren.

• Seele und Wiedergeburt:

Sokrates spricht in diesem Dialog auch implizit das Konzept der Wiedergeburt (Reinkarnation) an und erwähnt den fortwährenden

Lebenszyklus der Seele, in dem sie von einem Leben ins nächste übergeht. Er vertritt die Ansicht, dass die Seele vor der Geburt in einer anderen Welt existierte und nach dem Tod in einen neuen Körper übergeht.

• Schönheit und Wahrheit:

Sokrates betont, dass die physische Schönheit nur der äußere Schein ist, während die wahre Schönheit in der inneren Essenz und Wahrheit liegt, die durch Vernunft und philosophisches Denken erfasst werden kann.

Struktur des Dialogs „Phaedrus"

Der Dialog ist in zwei Hauptteile gegliedert:

1. Der erste Teil befasst sich vorwiegend mit der Analyse rhetorischer Reden sowie der Themen Liebe und Schönheit.

2. Der zweite Teil widmet sich einer detaillierteren ethischen und philosophischen Analyse und behandelt Konzepte wie die Seele, die Wahrheit und menschliche Werte.

„Phaedrus" ist ein Werk, das nicht nur philosophische und ethische Fragestellungen behandelt, sondern auch die Bedeutung von Liebe, Schönheit und Rhetorik als Instrumente des Denkens und der Suche nach Wahrheit hervorhebt. Platon zeigt in diesem Dialog, wie Menschen durch Vernunft und Philosophie zu einem tieferen Verständnis von Wahrheit und Schönheit gelangen können.

Die Struktur des Dialogs „Phaidros"

Der Dialog „Phaidros" ist in zwei Hauptteile gegliedert:

• Der erste Teil beschäftigt sich hauptsächlich mit der Untersuchung rhetorischer Reden sowie mit den Themen Liebe und Schönheit.

• Der zweite Teil widmet sich einer genaueren Analyse ethischer und philosophischer Themen, insbesondere Konzepten wie Seele, Wahrheit und menschlichen Werten.

„Phaidros" ist eines der Werke Platons, das nicht nur philosophische und ethische Fragen aufwirft, sondern auch in den Bereichen Liebe, Schönheit und Rhetorik die Kraft des Denkens und die Suche nach Wahrheit betont. In diesem Werk zeigt Platon, wie die Menschen durch Vernunft und Philosophie zu einem tieferen Verständnis von Wahrheit und Schönheit gelangen können.

Der Dialog „Nomoi" (Die Gesetze)

„Die Gesetze" ist eines der letzten Werke Platons, in dem er sich mit Gesetzen und staatlichen Strukturen auseinandersetzt. Anders als viele andere Werke Platons, die sich durch philosophische Dialoge mit Sokrates auszeichnen, ist „Die Gesetze" praxisorientierter und realistischer gestaltet und konzentriert sich auf die Ausarbeitung und Anwendung von Gesetzen in der Gesellschaft.

Inhaltliche Untersuchung von „Die Gesetze"

In diesem Buch versucht Platon, die Struktur eines idealen Staates zu entwerfen, in dem Gesetze sowohl die soziale Ordnung als auch die moralische Tugend bewahren sollen.

Im Gegensatz zur „Politeia", die den Philosophenkönig als Quelle von Weisheit und Gerechtigkeit betrachtet, legt Platon in den „Gesetzen" größeren Wert auf die Gesetze selbst als das zentrale Instrument der Herrschaft.

Die Dialoge in diesem Werk finden zwischen drei Hauptfiguren statt:

• Ein unbekannter Athener: Symbol für Weisheit und philosophisches Denken.

• Kleinias: Vertreter eines abgelegenen Staates auf Kreta.

• Megillos: Vertreter Spartas.

Diese drei diskutieren über die Prinzipien der Staatsführung und die Ausarbeitung von Gesetzen für einen fiktiven Staat namens „Magnesia".

Platon argumentiert, dass Gesetze als Leitfaden zur Schaffung von Ordnung und Gerechtigkeit in der Gesellschaft dienen müssen. Selbst die besten Herrscher könnten Fehler machen, aber gute Gesetze können Abweichungen verhindern.

Er betont, dass Gesetze nicht nur die soziale Ordnung sichern, sondern auch zur Erziehung der Bürger und zur Förderung moralischer Tugenden beitragen sollen. Besonders wichtig ist ihm die Erziehung in der Kindheit.

Die Gesetze sollen die Beziehungen zwischen den Bürgern – einschließlich Familie, Wirtschaft, Religion und Politik – präzise regeln.

Platon widmet sich auch dem Strafrecht und betont, dass der Zweck von Strafe die Besserung des Einzelnen und der Gesellschaft sein sollte – und nicht bloße Vergeltung.

In der „Politeia" betont Platon die Ideale der Philosophenherrschaft, während er in den „Gesetzen" einen pragmatischeren Ansatz verfolgt und die Bedeutung von Gesetzen als Ersatz für Philosophenherrscher in realen Gesellschaften hervorhebt.

Einige Kritiker meinen, dass Platon in diesem Werk die soziale Ordnung überbetont und die individuelle Freiheit vernachlässigt.

Platon betont stark die Rolle von Traditionen und Religion im Staat – ein Aspekt, der mit modernen Auffassungen im Widerspruch stehen könnte.

Zudem bleibt Platon der Herrschaft der Elite verpflichtet und betrachtet die Demokratie als ineffizientes System.

Bedeutung des Werkes „Die Gesetze"

Dieses Buch gilt als einer der ersten Versuche, eine systematische Verfassung und Gesetzgebung in der Geschichte der Philosophie und Politikwissenschaft zu entwerfen.

Mit „Die Gesetze" zeigt Platon, dass selbst in Gesellschaften, in denen philosophische Ideale nicht vollständig verwirklicht werden können, Prinzipien der Gerechtigkeit und Ordnung durch Gesetze formuliert und umgesetzt werden können.

„Die Gesetze" bietet wertvolle Einsichten in die Verbindung zwischen Philosophie, Recht und Politik. Auch wenn dieses Werk aus moderner Sicht gewisse Einschränkungen aufweist, inspiriert es bis heute Denker in den Bereichen Recht und Staatsführung.

Die Philosophie Platons

1. Die Ideenlehre (Ideen oder Formen):

Platon glaubte, dass die materielle Welt nur ein Schatten einer höheren Wirklichkeit namens „Ideenwelt" sei.

Die Ideen oder Formen sind ewige und unveränderliche Konzepte, die das wahre Wesen aller Dinge ausmachen.

2. Die Dreiteilung der Seele:

Platon teilte die menschliche Seele in drei Teile:

• Logos (Vernunft): sucht nach Wahrheit.

• Thymos (Leidenschaften): ist mit Mut und Stolz verbunden.

• Epithymia (Begierden): ist mit körperlichen Bedürfnissen und Genüssen verbunden.

3. Der Philosophenkönig:

Platon war der Meinung, dass der ideale Staat von Philosophen regiert werden sollte, die Wahrheit und Gerechtigkeit erkannt haben.

4. Erziehung und Bildung:

Platon betonte die Bedeutung von Bildung für die Entwicklung des Menschen und der Gesellschaft. In der „Politeia" entwarf er ein umfassendes Erziehungssystem zur Ausbildung der Philosophenkönige.

5. Unsterblichkeit der Seele:

Platon glaubte, dass die Seele vor der Geburt in der Welt der Ideen existierte und nach dem Tod dorthin zurückkehrt.

6. Dialektik:

Platons philosophische Methode, die Dialektik, basiert auf Dialog und argumentativem Austausch, um die Wahrheit zu entdecken.

Kritik an Platon

• Aristoteles, Platons Schüler, kritisierte die Ideenlehre als zu abstrakt.

• Platons Vorstellung vom idealen Staat wurde oft als unrealistisch und teilweise autoritär kritisiert.

• Einige Philosophen meinen, dass die Trennung zwischen der materiellen Welt und der Ideenwelt die Realität verfehlt.

Der Einfluss Platons

Platon hatte einen tiefgreifenden Einfluss auf die westliche Philosophie und die Weltgeschichte.

Seine Akademie wurde zum Vorbild für moderne Universitäten.

Seine Ideen zu Gerechtigkeit, Ethik und Erziehung inspirieren bis heute Philosophen, Denker und sogar Politiker.

Platon war nicht nur Philosoph, sondern auch Begründer vieler geistiger und pädagogischer Prinzipien der westlichen Zivilisation.

Seine Gedanken bieten weiterhin Antworten auf grundlegende Fragen des Lebens, der Wahrheit und der Gerechtigkeit und haben den menschlichen Geist über die Jahrhunderte hinweg begleitet.

Aristoteles: Der große Philosoph und Wissenschaftler des antiken Griechenlands

Aristoteles (384–322 v. Chr.) zählt zu den bedeutendsten Philosophen und Wissenschaftlern der Menschheitsgeschichte.

Er war Schüler Platons und Lehrer Alexanders des Großen. Seine Werke hatten einen enormen Einfluss auf Philosophie, Naturwissenschaften, Politik, Logik und Ethik.

Biografie von Aristoteles

Aristoteles wurde 384 v. Chr. in Stageira, im Norden Griechenlands, geboren. Diese Stadt stand damals unter der Herrschaft des Königreichs Makedonien.

Sein Vater Nikomachos war Hofarzt des makedonischen Königs Amyntas II. und stammte aus einer angesehenen Familie.

Nikomachos arbeitete am Hof und weckte wahrscheinlich früh das Interesse seines Sohnes an Naturwissenschaften und Medizin.

Über seine Mutter Phaestis gibt es wenig Informationen, aber es wird angenommen, dass auch sie einen Einfluss auf seine intellektuelle Entwicklung hatte.

Aristoteles kam schon in jungen Jahren mit Naturwissenschaften und Medizin in Berührung.

Mit 17 Jahren ging er nach Athen, um an Platons Akademie zu studieren. Dort lernte er 20 Jahre lang und lehrte schließlich selbst.

Obwohl er Platons Gedanken schätzte, entwickelte er im Laufe der Zeit eigene Überzeugungen und distanzierte sich von einigen platonischen Prinzipien.

Nach Platons Tod im Jahr 347 v. Chr. lebte Aristoteles kurzzeitig in Alexandria und Makedonien, wo er lehrte.

Im Jahr 336 v. Chr. wurde er vom makedonischen König Philipp II. nach Pella eingeladen, um dessen Sohn, Alexander den Großen, zu unterrichten.

Später kehrte Aristoteles nach Athen zurück und gründete die Schule „Lykeion", wo er 12 Jahre lang lehrte und forschte.

Werke von Aristoteles

Aristoteles' Werke sind äußerst vielfältig und behandeln Themen von Philosophie und Logik bis hin zu Biologie und Politik.

Zu seinen wichtigsten Werken zählen:

1. Organon: Sammlung von Schriften zur Logik und Methodologie. Aristoteles gilt als Begründer der formalen Logik und entwickelte die Prinzipien des Syllogismus.

2. Physik: Über die Prinzipien von Natur, Bewegung und Veränderung.

3. Metaphysik: Untersuchung der letzten Ursachen und des Seins als Sein. In diesem Werk formulierte er die „Vier Ursachen"-Lehre.

4. Nikomachische Ethik: Werk über Tugend, Glück und das gute Leben.

5. Politik: Untersuchung politischer Systeme und des sozialen Lebens des Menschen.

6. Poetik: Werk über dramatische Dichtung, Tragödie und Poesie.

7. Historia Animalium: Naturwissenschaftliche Studie über Tiere und ihr Verhalten.

Die Philosophie des Aristoteles

• Kritik an Platons Ideenlehre:

Aristoteles war überzeugt, dass die materielle Welt real ist und keine Trennung zwischen Ideen und Dingen notwendig sei.

Statt der Ideenlehre betonte er das Konzept der Substanz.

• Die Vier Ursachen:

Aristoteles erklärte jedes Phänomen mit vier Ursachen:

• Materialursache: das Material, aus dem etwas besteht.

• Formursache: die Form oder das Wesen einer Sache.

• Wirkursache: die Kraft, die etwas hervorbringt.

• Zweckursache: der Zweck, für den etwas existiert.

• Formale Logik:

Aristoteles definierte die Logik als Werkzeug des richtigen Denkens und Argumentierens.

Er legte die Grundlage für den syllogistischen Schluss, z. B.:

„Alle Menschen sind sterblich. Sokrates ist ein Mensch. Also ist Sokrates sterblich."

• Ethik und Tugend:

Aristoteles sah das gute Leben in der Mitte zwischen Extremen – die sogenannte goldene Mitte.

Tugend entsteht durch die Balance zwischen zwei Extremen (z. B. Mut als Mitte zwischen Feigheit und Tollkühnheit).

• Politik und Gesellschaft:

Aristoteles betrachtete den Menschen als „zoon politikon" (gesellschaftliches Wesen), dessen Leben in der Gemeinschaft zur Vollendung kommt.

Von allen Regierungsformen hielt er die Aristokratie (Herrschaft der Besten) für die beste.

• Kunst und Ästhetik:

In der „Poetik" analysierte Aristoteles die Tragödie und beschrieb ihre reinigende Wirkung auf die Zuschauer – die sogenannte Katharsis.

Kritik an Aristoteles

• Einige von Aristoteles' wissenschaftlichen Theorien, wie z. B. sein geozentrisches Weltbild oder seine Physik, wurden später durch die moderne Wissenschaft widerlegt.

• Aristoteles betrachtete die Sklaverei als etwas Natürliches und beschränkte die Rolle der Frauen auf Haus und Familie.

• Seine politischen Ansichten wirken oft zu theoretisch und idealistisch.

Einfluss von Aristoteles

Aristoteles war nicht nur ein großer Philosoph, sondern auch einer der ersten Universalgelehrten der Geschichte. Seine Werke wurden im Mittelalter durch islamische Denker wie Averroes nach Europa überliefert und hatten einen tiefgreifenden Einfluss auf die westliche Philosophie und Wissenschaft. Aristoteles gehört zu den bedeutendsten Denkern der Menschheitsgeschichte, dessen Einfluss auf Philosophie, Wissenschaft und Kultur unvergleichlich ist. Durch die Systematisierung von Gedanken und die präzise Untersuchung verschiedenster Themen begründete er die Philosophie als eine vollständige Wissenschaft und ebnete den Weg für logisches und wissenschaftliches Denken, das bis heute Generationen inspiriert.

Tod und Vermächtnis von Aristoteles

Aristoteles starb im Jahr 322 v. Chr. im Alter von 62 Jahren. Nach seinem Tod verbreiteten sich seine Werke rasch in der griechischen Welt und beeinflussten nachhaltig die Entwicklung des philosophischen und wissenschaftlichen Denkens in den folgenden Jahrhunderten.

Aristoteles war nicht nur in der Philosophie, sondern auch in vielen wissenschaftlichen Disziplinen wie Logik, Biologie, Physik, Politik und Ethik ein bedeutender Vordenker. Seine Theorien wurden im Lauf der Geschichte immer wieder neu interpretiert und analysiert und prägen die westliche Geistesgeschichte bis heute.

China

Das philosophische Denken im alten China wurde durch verschiedene Schulen wie den Konfuzianismus und den Daoismus geprägt.

Konfuzianismus

Konfuzius (479–551 v. Chr.) betonte Ethik, soziale Ordnung und die Bedeutung von Bildung. Er glaubte, dass der Mensch durch die Einhaltung moralischer Prinzipien und richtiges Verhalten Harmonie in der Gesellschaft schaffen könne.

Leben von Konfuzius

Konfuzius (chinesisch: Kong Fuzi) wurde um 551 v. Chr. im Staat Lu (im heutigen Osten Chinas) geboren und starb 479 v. Chr. Er war ein herausragender Philosoph und Lehrer, dessen Gedanken die Kultur, Politik und Ethik Chinas sowie großer Teile Ostasiens tiefgreifend beeinflussten.

Konfuzius stammte aus einer verarmten, aber angesehenen Familie. Sein Vater starb früh, und er wuchs unter schwierigen Bedingungen auf. Trotz dieser Herausforderungen widmete er sich intensiv dem Lernen und wurde schließlich Lehrer. Er setzte sich zeitlebens für die Reform der chinesischen Gesellschaft ein und war überzeugt, dass eine Rückkehr zu traditionellen moralischen Werten Stabilität und Wohlstand bringen könnte.

Konfuzius war auch politisch aktiv, konnte sich aber aufgrund der politischen Umstände seiner Zeit nicht vollständig durchsetzen.

Lehren von Konfuzius

Die Philosophie von Konfuzius basiert auf persönlicher Ethik, sozialer Ordnung und Verantwortung. Zu den zentralen Konzepten gehören:

Menschlichkeit (Ren - 仁)

Konfuzius betonte das Konzept „Ren", das oft mit „Menschlichkeit" oder „Nächstenliebe" übersetzt wird. Er glaubte, dass moralische Tugend die Grundlage für richtiges Verhalten und ein ehrenwertes Leben bildet.

Rituale und korrekte Verhaltensweisen (Li - 礼)

„Li" steht für Rituale, Sitten und angemessenes Verhalten, das in sozialen Beziehungen gewahrt werden sollte. Diese Ordnung sichert nach Konfuzius Harmonie in der Gesellschaft.

Pflichtbewusstsein und Gerechtigkeit (Yi - 义)

„Yi" bedeutet moralische Pflicht oder Gerechtigkeit. Menschen sollen das Richtige aus moralischen Gründen tun, nicht aus Eigennutz.

Soziale Ordnung und familiäre Rollen

Konfuzius betonte die Familie als Fundament der Gesellschaft. Er definierte die fünf zentralen Beziehungen (Wu Lun - 五伦), die die soziale Ordnung sichern:

1. Herrscher und Untertan

2. Vater und Sohn

3. Ehemann und Ehefrau

4. Älterer Bruder und jüngerer Bruder

5. Freund und Freund

Idealer Staat

Konfuzius vertrat die Ansicht, dass die Herrscher tugendhafte Vorbilder sein sollten, die durch ihre eigene moralische Integrität die Gesellschaft leiten. Gerechtigkeit und Tugend waren für ihn die Schlüssel einer erfolgreichen Regierung – nicht Gewalt oder strikte Gesetze.

Bildung und lebenslanges Lernen

Konfuzius legte großen Wert auf Bildung als Mittel zur Förderung von Tugend und Weisheit. Er glaubte, dass jeder Mensch, unabhängig von seiner sozialen Herkunft, durch Bildung zu einem tugendhaften Menschen werden könne.

Werke und Vermächtnis

Schriftliche Überlieferung

Konfuzius hinterließ selbst keine schriftlichen Werke, doch seine Lehren wurden von seinen Schülern aufgezeichnet. Die wichtigste Sammlung ist die „Analekten" (Lunyu), eine Zusammenstellung seiner Aussprüche und Gespräche.

Weitere Texte, die mit dem Konfuzianismus in Verbindung stehen, sind das Buch der Wandlungen (Yijing), das Buch der Dokumente (Shujing) und das Buch der Riten (Liji).

Einfluss auf Kultur und Politik

Der Konfuzianismus wurde zur dominierenden Philosophie Chinas und prägte das politische und soziale System nachhaltig. Unter der Han-Dynastie (206 v. Chr. – 220 n. Chr.) wurde er zur offiziellen Staatsideologie erklärt.

Einfluss in Ostasien

Auch in Japan, Korea und Vietnam hatte der Konfuzianismus einen weitreichenden Einfluss.

Kritik und Herausforderungen

Der Konfuzianismus wurde mitunter wegen seines starken Fokus auf Tradition und Hierarchie kritisiert. In der Moderne betrachten einige Kritiker ihn als Hindernis für Fortschritt und Gleichberechtigung. Dennoch bleiben die ethischen Werte des Konfuzianismus in vielen Gesellschaften bis heute hochgeschätzt.

Fazit

Konfuzius zählt zu den bedeutendsten Philosophen der Weltgeschichte. Seine Philosophie, die Ethik, soziale Ordnung und Bildung betont, bleibt eine wichtige Inspirationsquelle in vielen ethischen und sozialen Fragen. Seine Gedanken über Tugend und Verantwortung haben bis heute Relevanz und bieten Orientierung für eine menschliche und gerechte Gesellschaft.

Daoismus

Laozi, der Begründer des Daoismus, betonte die Harmonie mit der Natur und das Folgen des „Weges" (Dao). Er sah die Welt als ein zusammenhängendes und sich selbst regulierendes Ganzes.

Die chinesische Philosophie basierte stark auf intuitivem Verständnis der Welt und der Bedeutung von Harmonie im individuellen und gesellschaftlichen Leben.

Daoismus (auch Taoismus genannt) ist eine der wichtigsten philosophischen und religiösen Strömungen im alten China. Der Daoismus legt großen Wert auf Harmonie mit der Natur, ein einfaches Leben und das Folgen des „Weges" oder „Dao" (道).

Im Gegensatz zum Konfuzianismus, der sich auf soziale Ordnung und moralische Pflichten konzentrierte, interessiert sich der Daoismus mehr für innere Harmonie, geistige Ruhe und die natürliche Ordnung der Welt.

Der Daoismus entstand etwa im 6. Jahrhundert v. Chr. und ist eng mit dem legendären Weisen Laozi (Laotse) verbunden. Im Laufe der Geschichte entwickelte sich der Daoismus weiter und nahm sowohl philosophische als auch religiöse und mystische Elemente auf.

Zentrale Konzepte des Daoismus

Dao (道)

Dao bedeutet „Weg" oder „Pfad" und ist das zentrale Prinzip im Daoismus. Es beschreibt das grundlegende Gesetz des Universums, das allem zugrunde liegt. Dao ist die Quelle und der Fluss allen Seins.

Dao kann nicht vollständig beschrieben oder verstanden werden. Wie es im „Dao De Jing" heißt:

„Der Dao, der sich beschreiben lässt, ist nicht der ewige Dao."

Daoisten glauben, dass der Mensch mit dem Dao in Einklang leben sollte, indem er sich dem natürlichen Fluss des Lebens anpasst.

Wu Wei (无为)

Wu Wei bedeutet „Nichthandeln" oder „Handeln durch Nicht-Handeln". Dies bedeutet nicht, dass man gar nichts tut, sondern dass man im Einklang mit der Natur handelt und unnötige Eingriffe oder Widerstände vermeidet.

Ein klassisches Beispiel für Wu Wei ist das Wasser, das Hindernisse umfließt und dabei dennoch große Kraft entfaltet.

Yin und Yang (阴阳)

Yin und Yang sind zwei gegensätzliche, aber sich ergänzende Kräfte, die das Gleichgewicht und die Harmonie der Welt aufrechterhalten.

Yin steht für Dunkelheit, Ruhe und Weiblichkeit, während Yang für Licht, Bewegung und Männlichkeit steht. Der Daoismus strebt ein Gleichgewicht dieser beiden Kräfte an, da dies der Schlüssel zu einem harmonischen Leben ist.

Rückkehr zur Einfachheit (朴 - Pu)

Pu bedeutet „unbehauenes Holz" oder „ursprüngliche Einfachheit". Der Daoismus betont die Rückkehr zu einem natürlichen und einfachen Lebensstil, bei dem der Mensch im Einklang mit seiner ursprünglichen Natur lebt. Übermäßiger Luxus und materielles Streben stehen im Widerspruch zu diesem Ideal.

Unsterblichkeit und langes Leben

Ein zentrales Anliegen vieler Daoisten ist die Erlangung von Unsterblichkeit oder zumindest eines langen Lebens. Dies wird oft durch Meditation, Atemübungen, spezielle Diäten und spirituelle Rituale angestrebt. Daoisten glauben, dass die Harmonie mit dem Dao zu langer Lebenszeit und innerem Frieden führt.

Heilige Texte und philosophische Schriften

Dao De Jing (道德经)

Dieses Buch, das Laozi zugeschrieben wird, ist der wichtigste Text des Daoismus. In etwa 5000 Zeichen beschreibt es die Grundprinzipien des Daoismus. Das Dao De Jing enthält Lehren über das Dao, Wu Wei, Tugend (De) und die Harmonie mit der Natur.

Zhuangzi (庄子)

Dieses Werk trägt den Namen seines Autors Zhuangzi (ca. 369-286 v. Chr.) und enthält zahlreiche Geschichten und Lehren, die die praktische Seite des Daoismus beleuchten. Zhuangzi betont ein natürliches, freies Leben und kritisiert soziale Zwänge und kulturelle Konventionen.

Daoismus als Religion

Im 2. Jahrhundert n. Chr. entwickelte sich der Daoismus zunehmend zur Religion. Dies führte zu Ritualen, Zeremonien und dem Glauben an Götter und übernatürliche Kräfte. Religiöser Daoismus konzentriert sich auf die Verehrung von Göttern, das Streben nach Unsterblichkeit und rituelle Praktiken zur Harmonisierung mit der Welt. Daoistische Tempel, Priester und Opferzeremonien wurden Teil dieser religiösen Tradition.

Besondere Merkmale des Daoismus

1. Fokus auf die Natur:

Der Daoismus strebt danach, im Einklang mit der Natur und ihren Gesetzen zu leben. Der Mensch wird als Teil des natürlichen Kreislaufs betrachtet. Im Gegensatz zum Konfuzianismus, der die soziale Ordnung betont, liegt der Fokus des Daoismus auf der natürlichen Ordnung.

2. Individualität und Freiheit:

Daoisten streben ein Leben an, das frei von sozialen und politischen Zwängen ist. Jeder Mensch sollte seinen eigenen Weg (Dao) finden.

3. Mystik und persönliche Erfahrung:

Im Daoismus ist die Erkenntnis des Dao eine mystische Erfahrung, die durch Stille, Meditation und die direkte Beobachtung der Natur erreicht wird.

Der Einfluss des Daoismus

Der Daoismus hatte einen tiefgreifenden Einfluss auf die chinesische Malerei, Dichtung und Architektur. Daoistische Kunst betont oft die Natur und die Einfachheit.

Zentrale daoistische Prinzipien wie das Gleichgewicht von Yin und Yang sowie die Harmonie mit der Natur spielen eine wesentliche Rolle in der traditionellen chinesischen Medizin.

Die Lehren des Daoismus inspirierten moderne spirituelle Bewegungen und Menschen, die ein einfaches und naturverbundenes Leben suchen.

Der Daoismus zählt zu den tiefgründigsten und einflussreichsten Philosophien der Welt. Er lehrt die Menschen, im Einklang mit der Natur zu leben und inneren Frieden zu finden. Mit seinem Fokus auf ein einfaches Leben, Bescheidenheit und das Folgen des natürlichen Flusses bleibt der Daoismus bis heute eine Quelle der Inspiration für alle, die nach Sinn und Ausgeglichenheit im Leben suchen.

Der Legalismus (法家 – Fajia)

Der Legalismus oder die Rechtsphilosophie des alten China war eine der bedeutendsten Denkrichtungen und entstand in der Zeit der Streitenden Reiche (475-221 v. Chr.). Diese Schule legte großen Wert auf strenge Gesetze, soziale Ordnung und staatliche Kontrolle und spielte eine Schlüsselrolle bei der Entstehung des chinesischen Kaiserreichs.

Zentrale Merkmale des Legalismus

1. Vorrang des Gesetzes vor Moral

Im Gegensatz zum Konfuzianismus, der auf individuelle Ethik und Vorbildverhalten setzte, glaubten die Legalisten, dass soziale Ordnung nur durch harte Gesetze und deren kompromisslose Durchsetzung gewährleistet werden könne. Alle, auch die Herrscher, müssen sich an die Gesetze halten.

2. Die Rolle des Herrschers

Der Herrscher sollte mächtig sein und die vollständige Kontrolle über Staat und Volk besitzen. Er sollte keine Entscheidungen aus persönlichen Gefühlen oder Beziehungen heraus treffen, sondern sich strikt an die Gesetze halten.

3. Belohnung und Bestrafung

Ein strenges System von Belohnungen und Bestrafungen war zentral. Gesetzestreue wurde belohnt, Verstöße wurden hart bestraft. Dieses System sollte Respekt und Angst vor dem Gesetz erzeugen.

4. Misstrauen gegenüber der menschlichen Natur

Legalisten gingen davon aus, dass Menschen von Natur aus egoistisch sind und ohne strenge Gesetze ins Chaos abgleiten.

Wichtige Vertreter des Legalismus

• Shang Yang (390-338 v. Chr.)

Einer der Gründer des Legalismus. Seine Reformen im Staat Qin stärkten den Staat erheblich und ebneten den Weg zur ersten Reichseinigung Chinas.

• Han Fei (280-233 v. Chr.)

Der wichtigste Theoretiker des Legalismus. Sein Werk Han Feizi ist eine Sammlung legalistischer Lehren. Er glaubte, dass Furcht vor dem Gesetz die Basis für Ordnung ist.

• Li Si (280-208 v. Chr.)

Ein Schüler von Han Fei und Berater von Qin Shihuangdi, dem ersten Kaiser Chinas. Li Si spielte eine zentrale Rolle bei der Umsetzung der legalistischen Prinzipien im Reich Qin.

Der Einfluss des Legalismus

Der Legalismus war die Leitphilosophie unter Kaiser Qin Shihuangdi (221-210 v. Chr.), der China erstmals einte. Obwohl der Legalismus nach dem Fall der Qin-Dynastie wegen seiner Härte an Popularität verlor, prägte er die Verwaltungsstruktur Chinas nachhaltig.

Vergleich mit anderen chinesischen Schulen

• Konfuzianismus: Betonung von Ethik, menschlichen Beziehungen und Harmonie.

• Daoismus: Betonung der Natur und des Lebens im Einklang mit dem Dao.

• Legalismus: Betonung der Macht des Gesetzes, Ordnung und staatlicher Kontrolle.

Der Legalismus bleibt trotz seiner umstrittenen Natur ein zentraler Bestandteil der chinesischen politischen Philosophie.

Die Zhou-Dynastie (周朝)

Die Zhou-Dynastie (1046-256 v. Chr.) war eine der längsten und einflussreichsten Dynastien des alten China. Die Dynastie wird in zwei Hauptphasen unterteilt:

• Westliche Zhou (1046-771 v. Chr.)

• Östliche Zhou (770-256 v. Chr.)

Wichtige Merkmale der Zhou-Dynastie

1. Herrschaft und Himmlisches Mandat

Die Zhou kamen nach dem Sturz der Shang-Dynastie an die Macht. Ihr Herrschaftskonzept basierte auf dem „Himmlischen Mandat" (天命 – Tiānmìng), das besagte, dass die Herrscher von Himmel legitimiert werden, aber bei ungerechter Herrschaft dieses Mandat wieder verlieren. Dieses Prinzip war über Jahrhunderte eine wichtige ideologische Grundlage für den Dynastiewechsel in China.

2. Politische und soziale Struktur

Die Zhou-Herrschaft war stark feudal geprägt. Der König verlieh den Adeligen Land, und diese waren verpflichtet, Truppen zu stellen und Abgaben an den

König zu leisten. Diese Dezentralisierung führte langfristig zur Schwächung der Zentralmacht.

3. Die Zeit der Westlichen Zhou

Die Hauptstadt lag in Haojing (nahe dem heutigen Xi'an). Diese Zeit war von relativer politischer Stabilität und wirtschaftlichem Wachstum geprägt. Die Kunst der Bronzeverarbeitung erreichte in dieser Epoche ihren Höhepunkt.

4. Die Östliche Zhou-Dynastie

Der Regierungssitz wurde in die Stadt Luoyang verlegt. Diese Epoche wird in zwei Unterperioden unterteilt:

• Frühling- und Herbstperiode (770–476 v. Chr.): In dieser Zeit traten Philosophen wie Konfuzius und Laozi auf. Die feudalen Strukturen zerfielen weiter, und die Macht wurde unter den einzelnen Fürstentümern aufgeteilt.

• Zeit der Streitenden Reiche (475–221 v. Chr.): Mächtige Staaten führten Krieg um die Vorherrschaft in China. In dieser Phase entstand auch die Schule des Legalismus.

Wichtige Errungenschaften der Zhou-Dynastie

• Philosophie: In der Östlichen Zhou-Zeit entstanden bedeutende philosophische Schulen, darunter:

• Konfuzianismus: Fokus auf soziale Ordnung und Ethik.

• Daoismus: Harmonie mit der Natur und dem Dao.

• Legalismus: Betonung der Gesetzeskraft zur Aufrechterhaltung von Ordnung.

• Landwirtschaftliche Innovationen: Einsatz von Eisenwerkzeugen und fortschrittlichen Bewässerungssystemen.

• Kultur und Kunst: Entwicklung der Bronze- und Keramikkunst. Auch die chinesische Schrift wurde in dieser Zeit standardisiert.

Das Ende der Zhou-Dynastie

Durch die Schwächung der Zentralregierung und die Stärkung der einzelnen Fürstentümer wurde die Zhou-Dynastie schließlich 256 v. Chr. vom Staat Qin gestürzt. Dies ebnete den Weg zur Vereinigung Chinas unter dem ersten Kaiser Qin Shi Huangdi.

Bedeutung der Zhou-Dynastie in der chinesischen Geschichte

Die Zhou-Dynastie hatte nicht nur tiefgreifenden Einfluss auf die politische und soziale Struktur Chinas, sondern legte mit Konzepten wie dem „Mandat des Himmels" auch die Grundlage für das chinesische Kultur- und Wertesystem.

Indien

Die indische Philosophie hat ihre Wurzeln in den vedischen Texten (ca. 1200–900 v. Chr.) und den Upanishaden (ca. 800–200 v. Chr.). Diese Texte stellten grundlegende Fragen zur Natur des Seins, zur Seele und zur Beziehung des Menschen zum Universum.

• Veden: Als heilige Texte konzentrierten sie sich auf Gebete und Rituale, behandelten aber auch Konzepte wie Rita (kosmische Ordnung) und Karma (karmisches Gesetz von Ursache und Wirkung).

• Upanishaden: Diese philosophischen Texte vertieften die existenziellen Fragen weiter. Themen wie die Natur des Atman (individuelle Seele) und des Brahman (universelle Seele) wurden untersucht. Auch die Idee des Geburts- und Todeskreislaufs (Samsara) und der Befreiung davon (Moksha) wurden entwickelt.

Philosophen wie Buddha und Mahavira traten ebenfalls in dieser Zeit auf und gründeten neue Schulen, die individuelle Erkenntnis und Erfahrung betonten.

Der Kreislauf des Samsara und die Wiedergeburt

Samsara ist eines der zentralen Konzepte in der indischen Philosophie und Religion. Es beschreibt den endlosen Kreislauf von Geburt, Tod und Wiedergeburt. Dieses Konzept wird in Hinduismus, Buddhismus, Jainismus und weiteren Schulen unterschiedlich interpretiert. Samsara spiegelt die menschliche Existenz wider, die durch Unwissenheit, Karma und weltliche Begierden gefangen ist. Das höchste Ziel ist die Befreiung (Moksha/Nirvana), bei der die Seele oder das Bewusstsein ewigen Frieden erlangt.

Prinzipien des Samsara in verschiedenen Traditionen

• Hinduismus:

• Samsara ist der Kreislauf von Geburt und Tod, geregelt durch das Gesetz des Karma.

• Die Seele (Atman) ist unsterblich und wandert durch verschiedene Körper.

• Die Befreiung (Moksha) bedeutet die Vereinigung mit dem Brahman und wird durch spirituelle Erkenntnis (Jnana), gute Taten (Karma-Yoga) und Hingabe (Bhakti) erreicht.

• Buddhismus:

• Samsara ist der Kreislauf von Geburt, Tod und Wiedergeburt, verursacht durch Unwissenheit (Avidya) und Begierde (Tanha).

• Auch im Buddhismus bestimmt Karma das zukünftige Schicksal.

• Buddha lehnte die Vorstellung eines ewigen Selbst (Atman) ab und betonte stattdessen das Konzept des Anatta (Nicht-Selbst).

• Befreiung (Nirvana) ist das vollständige Erlöschen von Begierden und die Beendigung des Samsara-Kreislaufs durch Meditation, Einsicht und ethisches Verhalten.

• Jainismus:

• Samsara wird hier als materiell geprägter Existenzkreislauf gesehen, verursacht durch karmische Verunreinigungen.

• Seele (Jiva) ist gefangen in weltlicher Materie und Karma.

• Befreiung (Moksha) wird durch Reinigung der Seele und strikte Gewaltlosigkeit (Ahimsa) sowie Askese erreicht.

Gemeinsame Merkmale des Samsara in indischen Lehren

• Wiederkehr von Geburt und Tod: Alle indischen Traditionen sehen Samsara als endlosen Kreislauf von aufeinanderfolgenden Leben.

• Karmagesetz: Die Taten des Individuums bestimmen die Qualität der zukünftigen Existenz.

• Befreiung: Das ultimative Ziel ist die Befreiung von Samsara und die Erlangung spiritueller Freiheit.

Unterschiede in den Traditionen

• Hinduismus: Ewige Seele (Atman), die Teil des universellen Brahman ist.

• Buddhismus: Kein dauerhaftes Selbst (Anatta); alles ist vergänglich.

• Jainismus: Die Seele ist durch Karma verunreinigt und muss gereinigt werden.

Das Ziel: Samsara und Befreiung (Moksha/Nirvana)

Samsara ist ein Symbol für die menschliche Existenz, die gefangen ist in weltlichen Begierden, Karma und Unwissenheit. Die indischen Lehren bieten verschiedene Wege zur Befreiung an:

• Spirituelles Wissen (Jnana-Yoga): Erkenntnis der höchsten Wahrheit und Selbsterkenntnis.

• Meditation und Einsicht (Vipassana): Überwindung von Unwissenheit und Begierden.

• Gute Taten und ethisches Verhalten: Reinigung der Seele von karmischen Verunreinigungen.

Samsara spiegelt die dynamische Reise der Seele wider, die durch viele Leben hindurchwandert. Jede Tradition beantwortet die fundamentalen Fragen über Leben, Tod und Erlösung auf ihre eigene Weise. Dies zeigt die enorme Tiefe und Komplexität des spirituellen Denkens in der indischen Kultur.

Wiedergeburt der Seele und ihre Verbindung mit dem Samsara-Zyklus

Die Wiedergeburt der Seele ist eines der zentralen Konzepte, das in den Lehren des Hinduismus, Buddhismus und Jainismus ausführlich behandelt wird. Diese Vorstellung geht davon aus, dass die Seele (im Hinduismus und Jainismus) oder der Bewusstseinsstrom (im Buddhismus) nach dem Tod in einem neuen Körper wiedergeboren wird. Dieser Prozess setzt sich innerhalb des Zyklus von Samsara kontinuierlich fort, bis das Wesen schließlich die Befreiung aus diesem Kreislauf erreicht.

Daher kann man sagen: Wiedergeburt bedeutet, dass nach dem Tod eines Wesens seine Seele in ein anderes Wesen übergeht. Dieser Prozess wird so lange wiederholt, bis die Seele aus dem Kreislauf von Samsara erlöst wird. In dieser Sichtweise ist die Seele unsterblich, aber aufgrund ihrer Handlungen und des gesammelten Karmas aus vergangenen Leben muss sie in der materiellen Welt wiedergeboren werden und die Konsequenzen dieser Taten erfahren.

Warum Wiedergeburt? Der Zusammenhang mit Karma

In allen drei Lehren ist Karma, das Gesetz von Ursache und Wirkung, der Hauptfaktor, der das Schicksal der Seele nach dem Tod bestimmt:

• Positives Karma: Gute und ethische Taten führen zu einer besseren Wiedergeburt unter günstigeren Bedingungen.

• Negatives Karma: Schlechte oder unmoralische Handlungen führen zu einer schwierigeren Wiedergeburt oder sogar zu einer Existenz in niederen Daseinsformen.

Auf diese Weise bestimmt Karma die Qualität zukünftiger Leben, und die Wiedergeburt ist die direkte Folge dieser Taten.

Wiedergeburt im Hinduismus

Im Hinduismus ist die Seele (Atman) unsterblich. Aufgrund der weltlichen Bindungen und der Unwissenheit über die höchste Wahrheit (Brahman) bleibt die Seele im Kreislauf von Samsara gefangen.

• Prozess der Wiedergeburt: Nach dem Tod wird die Seele gemäß dem angesammelten Karma aus vergangenen Leben in einem neuen Körper wiedergeboren – sei es als Mensch, Tier oder sogar als göttliches Wesen. Jede Wiedergeburt bietet die Chance auf spirituellen Fortschritt oder Rückschritt.

• Ziel der Befreiung: Die Seele muss durch spirituelles Wissen, Askese oder Hingabe die höchste Wahrheit erkennen und sich vom Samsara-Kreislauf befreien. Diese Befreiung wird Moksha genannt und bedeutet die Vereinigung mit Brahman.

Wiedergeburt im Buddhismus

Im Buddhismus ist die Vorstellung der Wiedergeburt etwas anders: Es gibt keine unveränderliche Seele (Atman). Stattdessen wird ein Bewusstseinsstrom oder eine geistige Energie nach dem Tod in einen neuen Körper übertragen. Dies geschieht aufgrund von Unwissenheit (Avidya) und Begierde (Tanha).

• Prozess der Wiedergeburt: Es gibt kein festes „Selbst", das wiedergeboren wird. Vielmehr wird ein Bewusstseinsstrom in eines der sechs Daseinsbereiche wiedergeboren:

1. Götter (Devas) – angenehme, aber vergängliche Existenz

2. Halbgötter (Asuras) – geprägt von Neid und Konflikten

3. Menschen – die beste Chance auf Befreiung

4. Tiere – Existenz geprägt von Instinkt

5. Hungrige Geister – Leben voller unerfüllter Begierden

6. Höllenwesen – Existenz voller Qualen

• Ziel der Befreiung: Das höchste Ziel ist das Erreichen von Nirvana, einem Zustand, in dem alle Begierden erlöschen und der Kreislauf von Geburt und Tod endet.

Wiedergeburt im Jainismus

Im Jainismus wird die Seele (Jiva) durch karmische Verunreinigungen an den Kreislauf von Geburt und Tod gebunden. Diese Verunreinigungen entstehen durch weltliche Anhaftungen und schlechte Taten.

• Prozess der Wiedergeburt: Die Seele wird aufgrund der karmischen Last in verschiedene Lebensformen wiedergeboren – göttlich, menschlich, tierisch oder höllisch.

• Ziel der Befreiung: Befreiung aus dem Kreislauf erfolgt durch strenge Askese und absolute Gewaltlosigkeit (Ahimsa). Diese Befreiung wird Kaivalya genannt – ein Zustand völliger Reinheit und Loslösung von der materiellen

Gemeinsamkeiten und Unterschiede der Lehren

	Hinduismus	Buddhismus	Jainismus
Seele	Unsterbliche Atman	Kein festes Selbst, nur Bewusstseinsstrom	Unsterbliche Jiva
Karma	Bestimmt Wiedergeburt	Bestimmt Wiedergeburt	Bestimmt Wiedergeburt
Ziel	Moksha – Vereinigung mit Brahman	Nirvana – Erlöschen von Begierden	Kaivalya – Reine Seele
Weg zur Befreiung	Wissen, Askese, Hingabe	Meditation, Einsicht, Ethik	Askese, Gewaltlosigkeit

Philosophische Bedeutung der Wiedergeburt

Die Wiedergeburt in diesen drei philosophischen Systemen symbolisiert den Kampf des Menschen gegen weltliche Bindungen und Unwissenheit. Diese Sichtweise gibt dem Einzelnen die Möglichkeit, sein Leben als eine Etappe in einem größeren spirituellen Prozess zu verstehen und nach innerem Wachstum zu streben.

Die Wiedergeburt der Seele ist ein tiefgründiges und komplexes Konzept, das in jeder der indischen Traditionen unterschiedlich interpretiert wird. Dieser Prozess bietet den Menschen zahlreiche Gelegenheiten zur Entwicklung und Vervollkommnung, erinnert sie aber gleichzeitig an ihre Verantwortung für ihr Handeln und dessen Auswirkungen im endlosen Zyklus von Samsara.

Auch im Buddhismus wird diese Idee betont, jedoch mit stärkerem Fokus auf die Befreiung vom Leiden und vom Kreislauf von Geburt und Tod. In den Lehren von Mahatma Gandhi und Buddha wird das letztendliche Ziel der Seele als das Erreichen von Moksha oder Nirvana dargestellt – die Befreiung aus diesem Zyklus und die Erlangung des ewigen Friedens.

Karma bedeutet in diesem Kontext, dass die Taten und das Verhalten eines Menschen direkten Einfluss auf seine zukünftige Wiedergeburt haben. Die Seele ist nicht nur unsterblich, sondern entwickelt sich durch ihre Handlungen stetig weiter, bis sie schließlich die endgültige Befreiung erreicht.

Befreiung vom Kreislauf von Geburt und Tod in den Lehren des Buddhismus und Mahatma Gandhis

Im Buddhismus und in den Lehren von Mahatma Gandhi wird die Befreiung vom Samsara-Zyklus als das höchste Lebensziel angesehen. Diese Befreiung wird durch die Überwindung von Leidenschaften und weltlichen Anhaftungen erreicht und als Nirvana oder Moksha bezeichnet. Obwohl diese Konzepte im Buddhismus und Hinduismus verwurzelt sind, hat Gandhi sie in seinem spirituellen und ethischen Leben weiterentwickelt und praktisch umgesetzt.

Buddhismus: Befreiung aus dem Kreislauf von Geburt und Tod

Nirwana im Buddhismus

In der buddhistischen Philosophie bezeichnet Nirwana einen Zustand, in dem alle Begierden, Unwissenheit (Avidya) und Leiden (Dukkha) vollständig enden. Buddha lehrte, dass der Kreislauf von Geburt und Tod (Samsara) das Ergebnis von weltlicher Anhaftung und Verlangen ist – und Nirwana ist das Ende dieses Kreislaufs.

Nirwana bedeutet „Erlöschen" oder „Befreiung" und stellt einen Zustand vollkommenen Friedens und absoluter Freiheit von Leiden dar.

Der Weg zur Befreiung

Buddha stellte den „Edlen Achtfachen Pfad" vor, der aus folgenden Elementen besteht:

• Rechte Ansicht (Samma Ditthi)

• Rechter Entschluss (Samma Sankappa)

• Rechte Rede (Samma Vaca)

• Rechtes Handeln (Samma Kammanta)

• Rechter Lebensunterhalt (Samma Ajiva)

• Rechtes Streben (Samma Vayama)

• Rechte Achtsamkeit (Samma Sati)

• Rechte Konzentration (Samma Samadhi)

Die Rolle von Karma

Das Gesetz des Karma bestimmt die Qualität der zukünftigen Leben innerhalb des Samsara. Die Handlungen eines Menschen haben direkten Einfluss auf das Leiden oder das Glück in diesem Kreislauf. Die Wiedergeburt erfolgt in einer der sechs Daseinsbereiche (z. B. Mensch, Gott, Tier usw.), abhängig von der gesammelten karmischen Energie.

Hinduismus und die Lehren von Mahatma Gandhi

Moksha im Hinduismus

Im Hinduismus bedeutet Moksha die Befreiung aus dem Samsara-Kreislauf und die Vereinigung mit der höchsten Wahrheit (Brahman). Dieser Zustand liegt jenseits der Dualität der Welt, und die Seele (Atman) erreicht in Moksha die absolute Einheit mit der ewigen Wahrheit.

Gandhi und die praktische Ethik

Mahatma Gandhi übertrug die spirituellen Lehren des Hinduismus und Buddhismus auf das tägliche Leben und die soziale Ethik. Er glaubte, dass die Befreiung aus dem Samsara-Kreislauf nicht nur eine spirituelle, sondern auch eine praktische Dimension hat. Diese Befreiung ist möglich durch:

• Ahimsa (Gewaltlosigkeit): Verzicht auf jede Form von Gewalt, sowohl in Gedanken als auch in Taten.

• Satya (Wahrhaftigkeit): Absolute Ehrlichkeit und Wahrhaftigkeit in allen Lebensbereichen.

• Dienst an der Gesellschaft: Gandhi war überzeugt, dass ethisches Leben und selbstloser Dienst an anderen zur Reinigung der Seele und zur Erlangung von Moksha führen.

Karma in Gandhis Sichtweise

Ähnlich wie in den traditionellen Lehren Indiens akzeptierte Gandhi das Gesetz von Karma als Ursache-Wirkungs-Prinzip. Jede Handlung eines Menschen beeinflusst nicht nur das jetzige Leben, sondern auch zukünftige Wiedergeburten.

Unterschiede zwischen Nirwana und Moksha

Aspekt	Nirwana (Buddhismus)	Moksha (Hinduismus)
Wesen der Befreiung	Erlöschen von Begierden und Ende des Leidens	Vereinigung mit Brahman (der höchsten Wahrheit)
Bezug zur Seele	Leugnung einer festen, unveränderlichen Seele (Anatta)	Glaube an eine unsterbliche Seele (Atman)
Weg zur Befreiung	Achtfacher Pfad, Meditation und spirituelle Einsicht	Spirituelles Wissen, Askese und Gottesverehrung

Philosophische Bedeutung von Karma und spiritueller Entwicklung

Karma repräsentiert in beiden Traditionen die Verbindung zwischen Handlungen und ihren Folgen – und spielt eine zentrale Rolle in der spirituellen Entwicklung der Seele oder des Bewusstseinsstroms. Diese Entwicklung erstreckt sich nicht nur über das aktuelle Leben, sondern über alle zukünftigen Existenzen.

• Wiedergeburt: Die Seele (im Hinduismus und Jainismus) oder das Bewusstsein (im Buddhismus) wird in neuen Körpern wiedergeboren. Die Qualität dieser Wiedergeburten hängt von den vergangenen Taten ab.

• Spiritueller Fortschritt: Jede neue Geburt bietet die Chance, Fehler zu erkennen, sich weiterzuentwickeln und der endgültigen Befreiung näher zu kommen.

In beiden Weltanschauungen – Buddhismus und Hinduismus – ist das endgültige Ziel die Befreiung aus dem endlosen Kreislauf von Geburt und Tod. Trotz philosophischer Unterschiede betonen beide Traditionen die zentrale Rolle von Ethik, guten Taten und spiritueller Erkenntnis als Werkzeuge zur Erlösung.

Mahatma Gandhi verband diese Lehren und entwickelte daraus einen praktischen Lebensweg, der auf Frieden, Wahrhaftigkeit und Dienst am Mitmenschen basiert.

Kapitel 3: Iran – Ursprung der Lehren und Weisheiten

Philosophie im Iran

Die Geschichte der Philosophie im Iran gehört zu den Themen, die die Tiefe des philosophischen Denkens sowie die wechselseitige Beeinflussung zwischen Iran und der umgebenden Welt zeigen. Diese Geschichte lässt sich in mehrere Hauptperioden unterteilen, in denen sich verschiedene Denkrichtungen und philosophische Schulen herausgebildet oder weiterentwickelt haben.

Vorislamische Zeit

In der vorislamischen Zeit begann das philosophische Denken im Iran hauptsächlich mit den Lehren Zarathustras und der religiösen Weisheit. Die zoroastrische Lehre, die auf der Dualität von Licht und Dunkelheit, dem Kampf zwischen Gut und Böse sowie auf ethischen Prinzipien basiert, bildet die erste Grundlage des philosophischen Denkens in Iran.

Zu den weiteren philosophischen Quellen dieser Zeit gehören die mandäischen Schriften, der Mithraismus sowie die mit der Philosophie des Manichäismus verbundenen Texte. Diese Schulen stützten sich auf spezielle Kosmologien und Anthropologien, die später die islamische Philosophie sowie die Weltphilosophie beeinflussten und deren Spuren bis heute erhalten geblieben sind.

Zoroastrische Philosophie und Mazdayasna-Weisheit

Das philosophische Denken im vorislamischen Iran begann mit den Lehren Zarathustras (Zarathustra), des Propheten des alten Iran. Das Avesta, insbesondere die Gathas (hymnische Gesänge Zarathustras), gehört zu den wichtigsten Quellen dieser Epoche.

Die grundlegende Dualität in den zoroastrischen Lehren ist eines der bedeutendsten und einflussreichsten philosophisch-religiösen Konzepte des antiken Iran. Diese Dualität prägte eine besondere Weltanschauung über das Universum, den Menschen und die Beziehung zwischen beiden zu den gegensätzlichen Kräften von Gut und Böse. Im Folgenden wird dieses Konzept näher erläutert:

Definition der Dualität in der zoroastrischen Weltanschauung

Dualität bedeutet in den Lehren Zarathustras die Existenz von zwei grundlegenden, gegensätzlichen Kräften, die die gesamte Existenz bestimmen:

Ahura Mazda

Ahura Mazda, der eine Gott der Zoroastrier, wird als Symbol von Weisheit, Licht und Güte verehrt. Er ist der absolute Schöpfer der materiellen und spirituellen Welt und gilt in der zoroastrischen Lehre als die Quelle allen Guten und der kosmischen Ordnung (Asha). Ahura Mazda steht in direkter Opposition zu Angra Mainyu (Ahriman), der Kraft des Bösen und der Unordnung, und seine Aufgabe ist es, Wahrheit, Gerechtigkeit und Harmonie in der Welt zu bewahren.

Im Avesta, dem heiligen Buch der Zoroastrier, wird Ahura Mazda als allwissender und allmächtiger Schöpfer beschrieben, der alles mit göttlicher Weisheit und einem göttlichen Plan erschaffen hat. Er gründete die Welt auf Ordnung und Gerechtigkeit und schuf den Menschen mit freiem Willen, damit er sich zwischen Gut und Böse entscheiden kann. Diese Wahlfreiheit bildet das Herzstück der Lehren Zarathustras und zeigt den tiefen Respekt Ahura Mazdas vor der menschlichen Entscheidungsfreiheit.

Ahura Mazda wirkt durch sechs göttliche Aspekte, bekannt als die Amesha Spentas. Diese Aspekte repräsentieren verschiedene Facetten seines göttlichen Wesens, darunter Weisheit, Wahrheit, Kraft, Liebe, Unvergänglichkeit und Harmonie. Die Zoroastrier bemühen sich, durch gute Gedanken, gute Worte und gute Taten Ahura Mazda näher zu kommen und ihn im Kampf gegen die bösen Kräfte Ahrimans zu unterstützen.

Ahura Mazda ist auch im Alltag seiner Anhänger präsent. Die religiösen Zeremonien und Gebete der Zoroastrier werden zu Ehren von Ahura Mazda abgehalten, um die Verbindung zwischen dem Menschen und der göttlichen Quelle von Licht und Weisheit zu stärken.

Ahura Mazda – Der höchste Gott

Ahura Mazda gehört zu den zentralen und bedeutendsten Konzepten der zoroastrischen Religion und wird als einziger Gott und Schöpfer des Universums verehrt. Hier eine umfassende Darstellung seiner Bedeutung:

Die Bedeutung von Ahura Mazda im Zoroastrismus

Ahura Mazda bedeutet „der weise Herr" und wird als Schöpfer des gesamten Kosmos angesehen. In der zoroastrischen Tradition – wie in der Hormozd Nama und den Avestischen Texten – wird er nicht nur als allmächtiger Gott beschrieben, sondern auch als Wesen mit höchsten ethischen Qualitäten.

• Ahura Mazda gegen Ahriman: In der zoroastrischen Philosophie ist Ahura Mazda das absolute Gute, das Licht und die Wahrheit, während Ahriman das Böse, die Dunkelheit und die Lüge verkörpert. Ahura Mazda steht als Schöpfer der Welt dieser Bosheit entgegen und bemüht sich, Ordnung und Vollkommenheit zu schaffen.

Attribute von Ahura Mazda

In den Texten des Avesta wird Ahura Mazda als selbstbewusst, weise, groß, wissend und rein beschrieben. Er steht als höchster Schöpfer und Führer über allen Geschöpfen und himmlischen Wesen. Zu seinen wichtigsten Eigenschaften gehören:

• Schöpfer von Himmel und Erde: Ahura Mazda erschuf die Welt auf der Grundlage von Ordnung, Gerechtigkeit und Bewusstsein. Alle Lebewesen und Naturkräfte sind seine Schöpfungen.

• Gott des Lichts: Ahura Mazda gilt als Gott des Lichts, während Ahriman die Dunkelheit verkörpert. In dieser Vorstellung ist Licht das Symbol von Wahrheit und göttlicher Ordnung, das durch Ahura Mazda in die Welt tritt.

• Weisheit und Erkenntnis: Ahura Mazda wird als Gott der Weisheit und der Vernunft verehrt. Weisheit ist eine der zentralen Kräfte, mit denen er Ordnung und Gerechtigkeit im Kosmos erschafft.

Ahura Mazda in der zoroastrischen Kosmologie

In der zoroastrischen Kosmologie ist Ahura Mazda verantwortlich für die Schaffung von Ordnung in der Welt und den ständigen Kampf gegen die Kräfte des Bösen. Ahura Mazda erschuf die Welt so, dass sie sich gegen Korruption und Böses behaupten kann. Er brachte die kosmische Ordnung in die materielle Welt und strebt ein Universum an, das von Gerechtigkeit und Wahrheit durchdrungen ist. In den avestischen Texten wird er als „der Allgegenwärtige", „der alles sieht" und „der die gesamte Schöpfung lenkt" beschrieben.

Die ethischen Lehren von Ahura Mazda

Die zoroastrische Religion legt großen Wert auf Ethik, und Ahura Mazda wird als Verkörperung von Wahrheit und Güte betrachtet – ein moralisches Vorbild für seine Anhänger. Im zoroastrischen Glauben sind die Menschen verpflichtet, im Einklang mit Ahura Mazda zu leben. Dies geschieht durch die Befolgung der drei zentralen Prinzipien: Gute Gedanken, Gute Worte und Gute Taten.

• Gute Gedanken (Pendar-e Nik): Die Menschen sollen stets gute Gedanken in ihrem Geist pflegen und sich von bösen und negativen Gedanken fernhalten. Dieses Prinzip betont die innere Achtsamkeit und Weisheit.

• Gute Worte (Goftar-e Nik): Wahrhaftige und ehrenhafte Rede ist eine der wichtigsten Säulen des menschlichen Lebens. Menschen sollen ihre Worte nutzen, um Einheit und Fortschritt zu schaffen, und Lügen, Verleumdung und üble Nachrede meiden.

• Gute Taten (Kerdar-e Nik): Die Handlungen der Menschen sollen Gerechtigkeit und Ordnung in der Gesellschaft und in der Welt fördern. Gute Taten bedeuten, dass Menschen im Interesse des Gemeinwohls und mit Wohlwollen gegenüber anderen handeln.

Die Befolgung dieser Prinzipien im Alltag wird als ein Weg betrachtet, sich dem Licht und der Wahrheit anzunähern, die von Ahura Mazda geleitet werden.

Ahura Mazda und die ethische Philosophie

Ahura Mazda ist nicht nur der Schöpfer der Welt und der Hüter der natürlichen Ordnung, sondern spielt auch eine zentrale Rolle im ethischen Aufbau der Welt. Nach zoroastrischer Lehre müssen sich die Menschen den Gesetzen und Prinzipien Ahura Mazdas anpassen, um spirituelle und ethische Vollkommenheit zu erlangen. In dieser Philosophie ist Ahura Mazda das höchste Vorbild für Moral und Tugend, dem die Menschen folgen sollen. Aus zoroastrischer Sicht ist Gott nicht nur Schöpfer, sondern auch oberster Richter der Moral. Menschen sollen sich durch Wohltaten und die Vermeidung von Bosheit Ahura Mazda annähern.

Ahura Mazda in iranischen Mythen und in der Kunst

In der zoroastrischen Kunst wird Ahura Mazda oft mit Symbolen des Lichts und des Feuers dargestellt. Das Feuer spielt in der zoroastrischen Kunst eine wichtige Rolle und gilt als Symbol für Reinheit und Wahrheit. In den zoroastrischen Tempeln brennt das heilige Feuer ununterbrochen und wird als Stellvertreter von Ahura Mazda und als Zeichen seiner Anwesenheit unter den Menschen betrachtet.

Zentrale Konzepte im Zusammenhang mit Ahura Mazda

Im Folgenden werden einige zentrale Begriffe näher erläutert, die direkt mit Ahura Mazda verbunden sind:

Schöpfung und kosmische Ordnung

Ahura Mazda erschuf die Welt bewusst und nach einem geordneten Plan. In dieser Welt bewegt sich alles nach klaren Prinzipien von Ordnung und Harmonie. Ahura Mazda lenkt die gesamte Schöpfung mit göttlicher Weisheit. Nichts wurde zufällig oder sinnlos erschaffen.

Die fünf Elemente

Laut einigen zoroastrischen Texten besteht die Welt aus fünf grundlegenden Elementen: Licht, Feuer, Wasser, Erde und Luft. Jedes dieser Elemente repräsentiert einen Aspekt von Ahura Mazdas göttlicher Kraft. Feuer hat dabei eine besondere Bedeutung und gilt als Symbol für Reinheit und Wahrheit.

Ahura Mazda als Schöpfer der materiellen und spirituellen Welt

Zusammenfassend lässt sich sagen, dass Ahura Mazda nicht nur die materielle Welt erschaffen hat, sondern auch die spirituelle Ordnung. Durch die Schaffung von Ordnung und Wahrheit gab er allen Wesen die Möglichkeit, mit freiem Willen zu leben und Vollkommenheit zu erreichen. Die Menschen sind dabei verantwortlich, dem Licht und der Wahrheit zu folgen und gegen das Böse und die Korruption zu kämpfen.

Ahura Mazda als allmächtiger Schöpfer

Ahura Mazda wird in der zoroastrischen Religion als Schöpfer und Herrscher der materiellen und spirituellen Welt betrachtet. Nach zoroastrischem Glauben erschuf Ahura Mazda die Welt aus dem Nichts, mit dem Ziel, Ordnung, Wahrheit und Licht zu etablieren. In den Avesta-Texten wird Ahura Mazda nicht nur als Schöpfer, sondern auch als oberster Herrscher beschrieben. Er erschuf alle Wesen – die Menschen, die Natur und sogar die spirituellen Kräfte.

Schöpfung und Ziel der Welt

Aus zoroastrischer Sicht ist die Welt ein Prüfungsort für die Menschen. Ahura Mazda erschuf die Welt aus dem Nichts, um den Menschen die Möglichkeit zu geben, sich ethisch, spirituell und intellektuell zu entwickeln. Die Menschen sollen dabei über freien Willen verfügen, damit sie sich aus eigener Entscheidung für Wahrheit und Güte entscheiden können.

Ahura Mazda und die Verbindung zu den Yazatas

In der zoroastrischen Weltanschauung ist Ahura Mazda nicht allein. Er steht in ständiger Verbindung zu den Yazatas, den göttlichen Helfern. Diese sogenannten Amesha Spentas unterstützen Ahura Mazda bei der Erschaffung und Bewahrung der Welt. Jede dieser göttlichen Wesenheiten repräsentiert einen bestimmten Aspekt von Ahura Mazda und eine Facette der materiellen Welt:

• Spenta Armaiti: Göttin des Geistes der Erde und Mutter Natur – sie steht für Gelassenheit, Mitgefühl und Hingabe.

• Vohu Manah: Geist der Weisheit und des Guten Denkens – er steht für die positive Kraft des Denkens.

• Asha Vahishta: Geist der Wahrheit und Gerechtigkeit – er steht für die universelle Wahrheit und kosmische Ordnung.

Diese göttlichen Wesenheiten spielen eine zentrale Rolle bei der Vollendung des Schöpfungswerks und im Kampf gegen Ahriman und die Kräfte des Bösen.

Ahura Mazda und das Konzept der Weisheit (Chratoua)

Im zoroastrischen Glauben hat das Konzept der Weisheit (Chratoua) eine besondere Bedeutung. Weisheit wird nicht nur als rationale Fähigkeit, sondern auch als spirituelle Tugend verstanden, die die Menschen auf den rechten Weg führt. Ahura Mazda selbst ist die höchste Verkörperung der Weisheit, und die Menschen sollen danach streben, diese göttliche Weisheit zu erlangen.

Weisheit als Wegweiser

Bei der Schöpfung der Welt spielte die göttliche Weisheit eine zentrale Rolle. Diese Weisheit wird eingesetzt, um die Ordnung und Harmonie in der Welt zu gewährleisten. Auch die Menschen können durch Weisheit zwischen richtig und falsch unterscheiden und sich so Ahura Mazda annähern.

Der Kampf zwischen Ahura Mazda und Ahriman

Eines der zentralen Konzepte im zoroastrischen Glauben ist der Kampf zwischen den reinsten und den bösen Kräften. Dieser Kampf endet letztlich mit dem Sieg Ahura Mazdas und der Niederlage Ahrimans (Angra Mainyu). Ahriman versucht, die Welt ins Verderben zu stürzen und moralische sowie spirituelle Werte zu zerstören.

- **Ahriman und Verderben:** Ahriman wird nicht nur als das absolute Böse dargestellt, sondern auch als Symbol für Ungerechtigkeit, Lüge und Korruption. In vielen zoroastrischen Texten versucht Ahriman, durch Chaos und Lügen den Weg der Wahrheit und Gerechtigkeit zu verzerren.

- **Widerstand gegen Ahriman:** In diesem Prozess sind die Menschen verpflichtet, den Kräften Ahrimans durch die Befolgung von Weisheit und den ethischen Prinzipien Ahura Mazdas entgegenzutreten. In diesem globalen Kampf spielen die Menschen eine aktive Rolle und tragen die Verantwortung, den Weg des Guten zu wählen.

Ahura Mazda und kulturelle Einflüsse

Der zoroastrische Glaube und Ahura Mazda haben nicht nur religiöse

Überzeugungen, sondern auch Kunst, Literatur und verschiedene Kulturen beeinflusst. In vielen alten Zivilisationen, insbesondere im Iran, wurde Ahura Mazda als Symbol göttlicher und überlegener Macht anerkannt.

- **Kunstwerke und Architektur:** Während der achämenidischen und sassanidischen Zeit gab es zahlreiche Tempel und Kunstwerke, die Ahura Mazda gewidmet waren. Zu den herausragendsten Beispielen zählen die Reliefs und Architekturen zoroastrischer Tempel im antiken Iran, insbesondere in Naqsh-e Rostam und Persepolis, die den Glauben an Ahura Mazda und andere Gottheiten widerspiegeln.

- **Poesie und Literatur:** In der persischen Literatur, insbesondere im „Shahnameh" von Ferdowsi, wird direkt oder indirekt auf Ahura Mazda und damit verbundene Konzepte eingegangen. Im „Shahnameh" stützen sich viele Geschichten großer historischer Figuren wie Keykhosrow und Fereydun in ihren Kriegen und Entscheidungen auf den Willen Ahura Mazdas.

Einfluss Ahura Mazdas auf westliche Philosophien
Die grundlegenden Konzepte des Zoroastrismus, insbesondere die Dualität von Gut und Böse, haben einen großen Einfluss auf westliche Philosophien, vor allem auf das Christentum und den Islam, ausgeübt. Die Vorstellung von Ahura Mazda als gütigem Gott und Gegenspieler des Bösen wurde durch kulturelle und kommerzielle Interaktionen mit dem antiken Iran auf andere Kulturen übertragen.

- **Ethische und philosophische Lehren:** Zoroastrische Konzepte wie freier Wille, individuelle Verantwortung und ethische Güte finden sich in westlichen Philosophien wider, insbesondere in ethischen Schulen wie der von Aristoteles und in der christlichen religiösen Philosophie. Diese Lehren, die den Fokus auf individuelle und kollektive Ethik legen, haben verschiedene Denkrichtungen beeinflusst.

Auferstehung und Leben nach dem Tod im zoroastrischen Glauben
Im Zoroastrismus legt Ahura Mazda nicht nur Wert auf das irdische Leben, sondern seine Lehren über das Leben nach dem Tod haben ebenfalls tiefe Spuren in der religiösen Geschichte der Menschheit hinterlassen.

- **Gericht nach dem Tod:** Nach dem Tod wird jede Person individuell für ihre Taten gerichtet. Im zoroastrischen Glauben teilt sich die Seele nach dem Tod in zwei Bereiche. Wenn jemand in seinem Leben den drei Prinzipien des Guten gefolgt ist, wird er in eine helle und gute Welt versetzt; andernfalls gelangt er in eine Welt der Dunkelheit und des Verderbens.

- **Belohnung und Bestrafung:** Am Tag der Auferstehung (Frashokereti), als Abschluss dieses Prozesses, werden alle Menschen wieder zum Leben erweckt, und ihre Taten werden nach der Gerechtigkeit und Weisheit Ahura Mazdas bewertet.

Ahura Mazda im Vergleich zu anderen Göttern

Ahura Mazda führte als einziger Gott im Zoroastrismus das Konzept des Monotheismus ein, im Gegensatz zu vielen polytheistischen Kulturen jener Zeit. Im Vergleich zu anderen Religionen weist Ahura Mazda Ähnlichkeiten mit Göttern wie Jahwe im Judentum, Gott im Christentum und Islam auf, doch die zoroastrische Betonung auf absolutes Gute und den freien Willen des Menschen ist eine besondere Eigenschaft, die bei Ahura Mazda auffällt.

- **Ahura Mazda und Monotheismus:** Im Gegensatz zu vielen Religionen mit mehreren Göttern betont der Zoroastrismus entschieden den Monotheismus. Ahura Mazda ist der einzige Schöpfer und Herrscher der Welt, und keine andere Macht kann ihm gegenüberstehen.

Bedeutungen und Symbole im Zusammenhang mit Ahura Mazda

Im Zoroastrismus werden Symbole, die mit Ahura Mazda verbunden sind, häufig in Kunst und religiösen Werken verwendet. Zu den wichtigsten dieser Symbole gehören:

- **Feuer:** Das Feuer wird als Symbol für Licht und Wahrheit von Ahura Mazda angesehen. In zoroastrischen Tempeln wird das Feuer ständig brennend gehalten, um an die Gegenwart und Weisheit Ahura Mazdas zu erinnern.

- **Sonne:** Die Sonne wird als Symbol für Erleuchtung und Bewusstsein ebenfalls Ahura Mazda zugeschrieben. In vielen Kunstwerken wird Ahura Mazda indirekt durch das Sonnenlicht oder die Sonne selbst dargestellt.

- **Weitere Symbole:** In der zoroastrischen Kunst wird Ahura Mazda oft mit Symbolen wie Engeln, dem Baum des Lebens und der Lotusblume dargestellt, die die Verbindung des Menschen mit göttlichem Licht und Weisheit verdeutlichen.

Langfristige Auswirkungen auf die moderne Welt

Die Einflüsse der Lehren Ahura Mazdas und des Zoroastrismus sind auch in der modernen Welt noch spürbar. Tatsächlich sind viele der ethischen und philosophischen Prinzipien des Zoroastrismus weiterhin in westlichen und östlichen Kulturen präsent. Dazu gehören freier Wille, die Wahl zwischen Gut und Böse sowie die Suche nach Wahrheit und Licht. Auch die Lehren über Gerechtigkeit, Weisheit und individuelle Verantwortung sind in vielen modernen Gesellschaften, insbesondere in ethischen und religiösen Philosophien, nach wie vor relevant.

Ahriman

Ahriman (Angra Mainyu): Die Kraft des Bösen und der Dunkelheit, die im Gegensatz zu Ahura Mazda steht. Ahriman ist ein Symbol für Chaos, Lüge und Zerstörung und strebt ständig danach, die kosmische Ordnung zu untergraben.

Diese Dualität ist nicht nur auf metaphysischer Ebene vorhanden, sondern auch auf ethischer, kosmischer und menschlicher Ebene und bietet einen Rahmen, um die Pflichten des Menschen gegenüber diesen Kräften zu verstehen.

Diese grundlegende Dualität im zoroastrischen Glauben repräsentiert den ewigen Kampf zwischen Gut und Böse, Licht und Dunkelheit, Ordnung und Chaos. Ahriman verkörpert Unordnung, Lüge (Druj) und Zerstörung, und sein Ziel ist es, die kosmische Ordnung (Asha) zu zerstören und Chaos in die Welt zu bringen.

In den zoroastrischen Mythen wird Ahriman als ein Wesen beschrieben, das aus Neid und Hass auf die gute und lichte Welt Ahura Mazdas blickt. Er wählt aus eigenem Willen das Böse und versucht unermüdlich, durch Täuschung, Krieg und die Verbreitung von Lügen die Menschen vom Pfad des Asha abzubringen. Ahriman setzt seine bösen Kräfte, die Dämonen (Dävas), ein, um seine zerstörerischen Handlungen zu unterstützen.

Dieser Gegensatz, bekannt als zoroastrische Dualität, spiegelt sich nicht nur auf metaphysischer Ebene wider, sondern auch im täglichen Leben der Menschen. Der Mensch, als Schöpfung Ahura Mazdas, hat die Aufgabe, sich durch die Befolgung der Prinzipien des guten Sprechens, guten Handelns und guten Denkens an diesem kosmischen Kampf zu beteiligen und den Versuchungen und Zerstörungen Ahrimans zu widerstehen. Die Wahl zwischen Gut und Böse, Licht und Dunkelheit, ist eine ethische Verantwortung, die jedem Einzelnen übertragen wurde.

Aus kosmischer Perspektive ist der Kampf zwischen Ahura Mazda und Ahriman so gestaltet, dass er letztlich mit dem Sieg des Guten und des Lichts endet. Am Ende dieses Kampfes wird die Welt von Ahriman und seinen Kräften gereinigt, die kosmische Ordnung wird wiederhergestellt, und die Menschen werden zu einem ewigen Leben im Licht geführt. Das Versprechen des endgültigen Sieges des Guten ist eine Quelle der Hoffnung und des Glaubens für die Anhänger Zarathustras.

Diese Dualität bietet auch eine Grundlage, damit die Zoroastrier sich ihrer ethischen Pflichten bewusst werden und durch gute Taten Teil dieses kosmischen Kampfes werden. Obwohl Ahriman mächtig ist, wird er aufgrund seiner inhärenten Begrenzungen letztlich vor der Weisheit und dem Licht Ahura Mazdas scheitern.

Ahriman wird als Symbol des Bösen und der Verderbtheit betrachtet, und gemäß dem zoroastrischen Glauben besteht seine Aufgabe darin, die Menschen irre zu führen, die Welt zu verderben und gegen die Ordnung und Gerechtigkeit Ahura Mazdas zu kämpfen. Im Folgenden wird das Konzept Ahrimans, seine Eigenschaften, Geschichte und Einflüsse im Zoroastrismus sowie in anderen Kulturen ausführlich behandelt.

Ahriman und die Dualität von Gut und Böse

Ahriman steht im Zoroastrismus in direktem Gegensatz zu Ahura Mazda. Diese beiden Hauptkräfte werden in der zoroastrischen Weltanschauung als Vertreter von Gut und Böse angesehen, und jede von ihnen versucht, das Schicksal der Menschen und der Welt zu bestimmen.

- **Angra Mainyu (Ahriman):** Ahriman, der in den avestischen Texten auch als „Angra Mainyu" bekannt ist, ist der Gott des Bösen und der Verderbtheit. Angra Mainyu bedeutet „böser Geist" oder „Geist des Bösen" und steht im Gegensatz zu „Spenta Mainyu", dem Symbol des guten und wohlwollenden Geistes. In dieser Dualität repräsentiert

Angra Mainyu alle negativen Eigenschaften, einschließlich Lüge, Ungerechtigkeit, Korruption, Krankheit und Tod.

- **Dualität von Gut und Böse:** Im Zoroastrismus spielt diese Dualität eine zentrale Rolle. Ahura Mazda, als Schöpfer der Welt und der Kräfte des Guten, strebt danach, Ordnung und Gerechtigkeit in der Welt zu etablieren, während Ahriman durch die Schaffung von Chaos und Korruption versucht, diese Ordnung zu stören. Dieser Kampf zwischen Gut und Böse zeigt sich nicht nur auf globaler Ebene, sondern auch auf individueller Ebene, wo die Menschen den Versuchungen Ahrimans widerstehen müssen.

Die Rolle Ahrimans in der Schöpfung

Ahriman spielt auch in der Erschaffung der Welt eine wichtige Rolle, allerdings eine negative und zerstörerische. Gemäß den zoroastrischen Lehren trat Ahriman als zerstörerische Kraft in Erscheinung, nachdem Ahura Mazda die Welt geschaffen hatte, und versuchte, die Geschöpfe und Elemente der Schöpfung zu verderben.

In zoroastrischen Texten heißt es, dass Ahriman bestrebt ist, lebende Wesen zu vernichten und Chaos und Unordnung in die Welt zu bringen.

- **Herausforderungen für die Menschen:**In seinem Bestreben nach Verderben führt Ahriman die Menschen zu Lüge, moralischer Korruption und Gewalt. Diese Prüfungen und Herausforderungen bieten den Menschen die Gelegenheit, den ethischen Prinzipien des Zoroastrismus zu folgen und den Versuchungen Ahrimans zu widerstehen.

Ahriman und das Konzept des „Chaos"

Ahriman wird im Zoroastrismus nicht nur als Kraft der Korruption und des Bösen dargestellt, sondern auch als Symbol des Chaos. Er versucht, die bestehende Ordnung in der Welt zu zerstören und an ihrer Stelle Chaos zu schaffen. In diesem Sinne strebt Ahriman danach, durch Spaltung, Gewalt und Unordnung unter den Menschen und in der Natur die Weisheit und das Bewusstsein, die von Ahura Mazda geschaffen wurden, zu vernichten.

Ahriman und abhängige Wesen

Neben Ahriman gibt es im Zoroastrismus weitere Kräfte, die als „Dävas" bekannt sind – böse und verderbte Wesen, die unter dem Kommando

Ahrimans agieren. Die Dävas gelten als Feinde Ahura Mazdas und der Kräfte des Guten und versuchen, die Menschen vom rechten Weg abzubringen. Diese Wesen haben die Aufgabe, die Menschen zu unheilvollen und sündigen Taten zu verleiten. In vielen religiösen Texten stehen die Dävas als Gegner von Vernunft und Weisheit im Kontrast zu den göttlichen Wesen und Kräften des Guten.

Ahriman und ethische Konzepte

Ahriman, als Vertreter des Bösen, steht im Gegensatz zu den ethischen Prinzipien des Zoroastrismus. In den zoroastrischen Lehren sind die Menschen verpflichtet, den Versuchungen Ahrimans zu widerstehen und sich von Sünden und bösen Taten fernzuhalten. In zoroastrischen Texten begegnen den Menschen kontinuierlich ahrimanische Herausforderungen, denen sie widerstehen müssen. Ethische Prinzipien wie „gute Gedanken, gute Worte und gute Taten" helfen den Menschen, den bösen Kräften zu widerstehen und sich zu Güte und Wahrheit leiten zu lassen.

Gemäß den zoroastrischen Lehren sollen die Menschen ihren freien Willen nutzen, um statt Ahriman zu folgen, den Weg zu Güte und Wahrheit einzuschlagen. Dieser individuelle Kampf zwischen Gut und Böse ist flexibel im alltäglichen Leben der Menschen, und jeder Einzelne muss bei seinen Entscheidungen wachsam sein.

Ahriman in der zoroastrischen Eschatologie und Auferstehung

In der Eschatologie des Zoroastrismus spielt Ahriman eine herausragende Rolle am Tag der Auferstehung, oder Frashokereti. Dieser Tag symbolisiert das Ende des Krieges zwischen Gut und Böse. An diesem Tag werden alle ahrimanischen Kräfte besiegt, und alle Wesen werden Wahrheit und Reinheit erlangen. Ahriman, der im Laufe der Geschichte versucht hat, Verderben in die Welt zu bringen, wird an diesem Tag vollständig vernichtet. Diese endgültige Vergeltung gegen Ahriman zeigt den endgültigen Sieg des Guten über das Böse und die Rückkehr zum ursprünglichen, reinen Zustand der Schöpfung.

Im Frashokereti (Tag der Auferstehung) werden alle Menschen basierend auf ihren Taten während ihres Lebens gerichtet. Wenn eine Person im Leben

Ahriman widerstanden und den Weg des Guten eingeschlagen hat, wird sie in eine paradiesische Welt gelangen; wenn sie jedoch in diesem Kampf versagt hat, wird sie bestraft.

Einfluss Ahrimans auf andere Kulturen und Religionen

Die Einflüsse Ahrimans auf andere globale Kulturen und Religionen sowie der Vergleich mit ähnlichen Figuren wie Satan im Christentum und Islam sind besonders faszinierend. Diese Vergleiche zeigen die Übertragung religiöser Konzepte aus dem antiken Iran auf andere Kulturen.

- **Ahriman und Satan im Christentum und Islam:** Im Christentum und Islam wird die Figur des Satans ähnlich wie Ahriman im Zoroastrismus dargestellt. Beide Figuren sind als Kräfte bekannt, die die Menschen vom rechten Weg abbringen und zur Sünde verleiten. Im Christentum ist Satan der Feind Gottes, und im Islam existiert Iblis als ein Wesen, das sich dem Befehl Gottes widersetzte. Es gibt viele philosophische und religiöse Parallelen zwischen diesen Figuren und Ahriman.

- **Übertragung von Konzepten aus dem Iran in andere Kulturen:** Viele Forscher glauben, dass die Konzepte rund um Ahriman aus dem antiken Iran auf andere Kulturen übertragen wurden. Besonders in der parthischen und sassanidischen Zeit, als der Iran mit westlichen und arabischen Reichen in Kontakt stand, hatten die Konzepte von bösen Kräften und Engeln (Dävas) erhebliche Einflüsse auf andere Kulturen.

Ahriman in der Geschichtswissenschaft und Mythologie

Ahriman spielt nicht nur im Zoroastrismus, sondern auch in der Geschichtswissenschaft und Mythologie des antiken Iran eine besondere Rolle. Mythische Untersuchungen zeigen, dass Ahriman als Symbol für „Chaos" und Gegner der natürlichen Weltordnung im Laufe der iranischen Geschichte dargestellt wurde.

- **Verbindung zu iranischen Mythen:** In iranischen Mythen wird Ahriman manchmal als eindimensionales Wesen und manchmal als eine Ansammlung zerstörerischer Kräfte dargestellt. In einigen Erzählungen ist Ahriman nicht nur die Kraft des Bösen, sondern versucht aktiv, die Position Ahura Mazdas im Herzen der Menschen zu erschüttern. Dieser Einfluss Ahrimans geschieht durch falsche Propaganda, Betrug und Korruption in Gesellschaft und Kulturen.

- **Gegenüberstellung zu Göttern und mythischen Figuren:** In zoroastrischen Mythen stehen Ahriman und seine Dävas in ständigen Kriegen mit den ahrimanischen Kräften. Diese Kämpfe und Auseinandersetzungen finden in verschiedenen religiösen Werken, einschließlich der Yasna, zahlreiche Widerhall.

Ahriman und seine Rolle in Psychologie und menschlichem Verhalten

Eine interessante Dimension der Analyse Ahrimans ist sein Verständnis aus psychologischer Sicht. In vielen zoroastrischen religiösen Texten ist Ahriman ein Symbol für die dunklen und verborgenen Aspekte der menschlichen Persönlichkeit.

- **Psychologische Prüfungen der Menschen:** Ahriman, als eine Kraft, die die Menschen zur Sünde und Korruption zieht, symbolisiert Abstoßungen, Versuchungen und negative Neigungen im Inneren des Menschen. Tatsächlich kann jeder Mensch im Laufe seines Lebens mit seinen inneren ahrimanischen Kräften konfrontiert werden, die ihn entweder zu guten oder bösen Taten ziehen. In der zoroastrischen psychologischen Analyse zeigt dieses Konzept den inneren Kampf der Menschen, die zwischen Licht und Dunkelheit wählen müssen.

- **Verständnis Ahrimans in der ethischen Verhaltenslehre:** Aus dieser Perspektive ist Ahriman nicht nur ein Symbol externer böser Kräfte, sondern auch ein Ausdruck innerer Neigungen des Menschen, die als ethische Herausforderung wirken können. Somit kann menschliches Verhalten sowohl ein Symbol für den äußeren Kampf mit Ahriman als auch ein innerer Kampf mit sich selbst sein.

Ahriman und die Gerechten

Im zoroastrischen Glauben stehen die ahrimanischen Kräfte direkt oder indirekt im Gegensatz zu herausragenden religiösen Persönlichkeiten und Gerechten. Diese Persönlichkeiten konnten trotz Ahriman und seinen Dävas in ihrem Leben Licht und Wahrheit erreichen.

- **Mythen und Geschichten der Gerechten:** In vielen zoroastrischen Mythen stehen Figuren wie Keykhosrow, Fereydun und andere Könige und bedeutende Persönlichkeiten, die in der antiken iranischen

Geschichte bekannt sind, Ahriman gegenüber. Diese Individuen widerstanden mit Weisheit, Gerechtigkeit und Ehrlichkeit der ahrimanischen Korruption und gelten in der zoroastrischen Geschichte als Symbole des Sieges des Guten über das Böse.

Untersuchung von Kunstwerken und Literatur

In den Kunstwerken und der Literatur des antiken Iran, insbesondere in der sassanidischen Zeit, wurden Bilder von Ahriman und Dävas weitverbreitet in Reliefs, Gravuren und Kunstwerken dargestellt. Diese Bilder zeigen oft den Kontrast zwischen Gut und Böse und einen endlosen Kampf.

Im „Shahnameh" wird Ahriman als böse und zerstörerische Kraft dargestellt, die den iranischen Göttern und Helden gegenübersteht. Ferdowsi widmet in seiner Beschreibung von Figuren wie Rostam und Keykhosrow dem Kampf gegen Ahriman eine zentrale Rolle.

Einfluss Ahrimans auf das Konzept des freien Willens

Eines der zentralen Konzepte im Zoroastrismus und im Verständnis des Kampfes gegen Ahriman ist die Frage des freien Willens des Menschen. Ahriman, als Symbol für Korruption und Spaltung, hat die Macht, die Menschen zu bösen und sündigen Taten zu verleiten, doch aus zoroastrischer Sicht kann er den Menschen niemals ihren freien Willen nehmen. Tatsächlich haben die Menschen immer die Wahl, sich Ahriman zu widersetzen und sich von ihm abzuwenden.

In den zoroastrischen Lehren reicht die Macht Ahrimans nur so weit, die Menschen zu schlechten Taten zu verleiten, doch sie sind dennoch in der Lage, mit ihren freien Entscheidungen dem Guten zu folgen. Diese Sichtweise betont die Bedeutung individueller und ethischer Verantwortung und gibt den Menschen die Möglichkeit, in verschiedenen Situationen Entscheidungen gemäß ethischen und guten Prinzipien zu treffen.

Das Konzept der „Weltanschauung von Gut und Böse" und Ahriman

Das Konzept von „Gut und Böse" spielt im Zoroastrismus eine grundlegende Rolle. Diese beiden Begriffe interagieren in der zoroastrischen Sichtweise miteinander und gewinnen in Bezug auf Ahriman und Ahura Mazda eine umfassendere philosophische und bedeutungsvolle Tiefe. Im Zoroastrismus wird „Gut" als etwas definiert, das die Ordnung und Gerechtigkeit in der Welt bewahrt und fördert, während „Böse" die Integrität und Gesundheit dieser Ordnung bedroht. Ahriman symbolisiert die Kräfte, die stets versuchen, diese Ordnung zu schwächen und zu zerstören. Daher beeinflusst das konzeptionelle Verständnis von Gut und Böse nicht nur individuelle Handlungen, sondern auch die gesamte globale Struktur.

Ahriman und moderne Technologien

Mit dem Aufkommen moderner Technologien entwickeln sich religiöse und philosophische Konzepte weiter. Ahriman wird in vielen zeitgenössischen Interpretationen als Symbol für Korruption und Zerstörung betrachtet, nicht nur in ethischen und sozialen Bereichen, sondern auch in der Welt der Technologie.

In der modernen Welt kann Ahriman ein Symbol für negative ethische und soziale Veränderungen sein, die durch Technologie, soziale Medien und technologische Verirrungen verbreitet werden. Der missbräuchliche Einsatz von Technologien kann zur Zerstörung menschlicher Beziehungen, zur Informationskorruption oder sogar zur Umweltzerstörung führen. In dieser Sichtweise repräsentiert Ahriman all die Schäden, die durch den Verlust der Kontrolle über moderne Werkzeuge entstehen können.

Ahriman im Angesicht von Kunst und Kreativität

In der Philosophie und Kunst des Zoroastrismus wird Ahriman als eine Kraft betrachtet, die auch Schönheit, Kunst und Kreativität zerstören kann. Kunst und Schönheit haben im zoroastrischen Glauben einen hohen Wert und wurden von Ahura Mazda geschaffen. Ahriman versucht, diese Schönheiten zu zerstören und Kunstwerke zu verderben, um die Welt von der göttlichen Präsenz zu reinigen.

Zoroastrische Künstler nutzen die Kunst als Werkzeug, um sich gegen Ahriman und negative Kräfte zu stärken. Kunstwerke, die Konzepte von Güte und Schönheit fördern, können als Schild gegen die bösen Kräfte Ahrimans wirken und zur Wiederherstellung und Erneuerung von Güte in der Gesellschaft beitragen. In dieser Sichtweise ist Kunst nicht nur Schönheit, sondern auch ein ethisches und spirituelles Werkzeug, das gegen Korruption und Zerstörung standhalten kann.

Entwicklung der Sichtweise auf Ahriman in verschiedenen Epochen

Im Laufe der Geschichte Irans und der verschiedenen Herrschaftsperioden hat sich die Sichtweise auf Ahriman erheblich verändert. In jeder Epoche unterschieden sich die Art der Konfrontation mit Ahriman, seine Darstellung in Geschichten und Mythen sowie die religiösen Interpretationen von ihm stark.

In der sassanidischen Zeit war Ahriman offiziell neben Ahura Mazda in religiösen Texten präsent und spielte im Kampf des zoroastrischen Glaubens gegen äußere und innere Kräfte eine Rolle, neben Konzepten wie Gerechtigkeit und Weisheit. Mit der Zeit, insbesondere in der nachislamischen Periode, wurden die Interpretationen von Ahriman eher symbolisch und im Rahmen ethischer und philosophischer Konzepte verwendet.

Metaphysische Dimensionen der Dualität im Zoroastrismus

Im zoroastrischen Glauben wird die Welt durch den Gegensatz zweier metaphysischer Hauptkräfte definiert: Ordnung (Asha) und Chaos (Druj). Dieser Gegensatz repräsentiert einen Kampf, der auf kosmischer, ethischer und sogar existenzieller Ebene stattfindet. Ahura Mazda, als Schöpfer der Ordnung, steht für Asha, während Ahriman, die Verkörperung des Bösen, der Lügen und der Unordnung, Druj repräsentiert. Diese grundlegende Dualität spielt eine Schlüsselrolle im Verständnis der zoroastrischen Weltanschauung.

Ordnung (Asha): Grundlage von Güte und Wahrheit

Asha, was kosmische Ordnung und Wahrheit bedeutet, ist eines der zentralen Konzepte im Zoroastrismus. Diese Ordnung umfasst alle Aspekte des Daseins, von den Naturgesetzen über ethische Prinzipien bis hin zum spirituellen Weg des Menschen. Asha steht für Harmonie, Stabilität und Gerechtigkeit, die von Ahura Mazda geschaffen wurden. Alle positiven und aufbauenden Elemente der Welt, wie Licht, Weisheit, Liebe und Leben, stehen im Dienst von Asha.

Asha beschränkt sich nicht nur auf die Natur; sie erstreckt sich auch auf den spirituellen Weg des Menschen. Durch die Befolgung von gutem Sprechen, gutem Handeln und gutem Denken bewegt sich der Mensch auf dem Pfad des Asha und trägt zur Verwirklichung der göttlichen Ordnung bei. Tatsächlich ist die Hauptaufgabe des Menschen in der Welt, Asha gegen die Kräfte des Chaos und der Dunkelheit zu schützen.

Chaos (Druj): Vertreter von Bösem und Zerstörung

Im Gegensatz zu Asha steht Druj, das Symbol für Chaos, Lüge und Abweichung. Druj trat mit der Absicht in die Welt ein, die kosmische

Ordnung zu zerstören, und sein Hauptziel ist die Verbreitung von Dunkelheit, Korruption und Disharmonie. Ahriman, der Schöpfer von Druj, strebt danach, die Errungenschaften von Asha zu vernichten und den Menschen vom Weg der Wahrheit und Güte abzubringen.

Druj zeigt sich in allen negativen Aspekten des Lebens: von Krieg und Gewalt über Lügen, Verrat bis hin zu Krankheit. Diese Kräfte tragen alle zur Zerstörung der Welt und zur Verhinderung des spirituellen Fortschritts des Menschen bei. Doch Druj kämpft nicht nur auf kosmischer Ebene mit Ahura Mazda, sondern versucht auch im Inneren des Menschen, dessen Geist und Seele zu verführen.

Die Welt als Schauplatz des Kampfes

Aus zoroastrischer Sicht ist die Welt der Schauplatz eines ständigen Kampfes zwischen Asha und Druj. Jedes Phänomen, jedes Ereignis und jede menschliche Handlung wird in diesem Rahmen analysiert: Trägt es zur Stärkung der göttlichen Ordnung und des Lichts bei oder fördert es die Ausbreitung von Chaos und Dunkelheit? Dieser Kampf findet nicht nur in der Natur und der Gesellschaft statt, sondern auch im Herzen und Geist des Menschen.

Diese Dualität auf metaphysischer Ebene wirft tiefgreifende Fragen über die Natur des Menschen und seine Verantwortung gegenüber diesen Kräften auf. Zoroastrier glauben, dass der Mensch als Wesen mit freiem Willen die Fähigkeit hat, in diesem Kampf die Seite des Guten zu wählen und durch seine Taten und Gedanken zum endgültigen Sieg von Asha beizutragen.

Rolle der Dualität in der spirituellen Entwicklung

Die Dualität zwischen Asha und Druj bietet nicht nur einen Rahmen zum Verständnis der Welt, sondern auch eine Roadmap für die spirituelle Entwicklung des Menschen. Dieser Kampf mag auf den ersten Blick kosmisch erscheinen, ist jedoch tief mit dem täglichen Leben des Menschen verbunden. Jede Wahl, jede Handlung und jeder Gedanke ist eine Gelegenheit, das Licht oder die Dunkelheit zu stärken. Letztlich gibt das Versprechen des endgültigen Sieges von Güte und Asha über Druj und Dunkelheit den Menschen in den zoroastrischen Lehren Hoffnung und Zielstrebigkeit.

Ethische Dimension der Dualität im Zoroastrismus

Die Dualität zwischen den Kräften des Guten und Bösen im Zoroastrismus hat nicht nur eine metaphysische und kosmische Dimension, sondern ist auch tief mit der Ethik und dem Verhalten des Menschen verknüpft. In diesem System steht der Mensch als vernunftbegabtes und freies Wesen im Zentrum dieses Kampfes und spielt eine entscheidende Rolle im Schicksal der Welt. Die ethische Dimension der Dualität fordert den Menschen heraus, seine Wahlfreiheit so zu nutzen, dass er den Weg der Güte und göttlichen Ordnung einschlägt. Diese Dualität hat einen tiefen Einfluss auf das Verhalten und die Verantwortung des Menschen.

Freiheit der Wahl: Essenz ethischer Verantwortung

Eines der grundlegenden Prinzipien des Zoroastrismus ist, dass der Mensch über freien Willen verfügt und zwischen Gut und Böse wählen kann. Diese Wahlfreiheit unterscheidet den Menschen von anderen Wesen und stattet ihn mit einer ethischen Verantwortung aus. Im Gegensatz zu anderen Glaubensrichtungen, die das Schicksal des Menschen als vorbestimmt ansehen könnten, glaubt Zarathustra, dass jeder Einzelne durch seine Taten und Entscheidungen sein eigenes Schicksal formt. Die Freiheit der Wahl ist zwar ein göttliches Geschenk, bringt jedoch auch eine große Verantwortung mit sich. Jede gute Entscheidung, die ein Mensch trifft, stärkt Asha, während jede böse Entscheidung Druj unterstützt. Somit ist der Mensch nicht nur für sein eigenes Leben, sondern auch für das Schicksal der gesamten Welt verantwortlich.

Pflicht des Menschen: Kampf für das Gute

Aus zoroastrischer Sicht ist die Hauptaufgabe des Menschen, im globalen Kampf zwischen Ahura Mazda und Ahriman die Seite des Guten zu wählen und zur Verbreitung der kosmischen Ordnung beizutragen. Diese Pflicht kann durch die Befolgung der drei grundlegenden Prinzipien des Zoroastrismus erfüllt werden:

Gute Gedanken (Humata)

Gute Gedanken (Humata), eines der grundlegenden Prinzipien in den zoroastrischen Lehren, bedeutet, den Geist und die Gedanken auf Güte, Wahrheit und Weisheit auszurichten. Dieses Konzept erinnert den Menschen daran, dass seine Denk- und Geisteskraft nicht nur ein Werkzeug zur Erkenntnis der Welt ist, sondern auch eine Macht, um Veränderungen im persönlichen und sozialen Leben zu bewirken.

Weitere Details zu guten Gedanken:

Gutes Denken (Vohu Manah)

1. **Reinigung des Geistes von Böse und Groll**: Gutes Denken betont, dass negative Gedanken wie Groll, Neid und Wut ein Hindernis für inneren Frieden und moralischen Fortschritt darstellen. Der Mensch sollte diese negativen Gefühle aus seinem Geist verbannen, um den Weg für die Annahme von Wahrheit und Güte freizumachen.

2. **Achtung auf Weisheit und Wissen**: In dieser Lehre wird Weisheit als eine der göttlichen Gaben angesehen, die den Menschen befähigt, die Wahrheiten der Welt zu erkennen und Entscheidungen auf der Grundlage von Wissen und Fairness zu treffen. Gutes Denken lädt den Menschen ein, diese göttliche Weisheit zu nutzen.

3. **Verbindung mit Asha (kosmische Ordnung)**: Gutes Denken steht in enger Verbindung mit dem Konzept von Asha (dem kosmischen Gesetz oder der göttlichen Ordnung). Asha repräsentiert Ordnung und Gerechtigkeit in der Welt, und gutes Denken hilft dem Menschen, sein Leben im Einklang mit dieser Ordnung, der Natur und den moralischen Gesetzen zu führen.

4. **Einfluss auf Sprache und Handeln**: Gutes Denken bildet die Grundlage für die beiden anderen zoroastrischen Prinzipien: gute Worte und gute Taten. Positive Gedanken wirken sich direkt auf die Sprache und das Verhalten des Menschen aus und tragen dazu bei, eine gerechtere und mitfühlendere Gesellschaft zu schaffen.

5. **Selbsterkenntnis und Reinigung der Seele**: Auf dem Weg des guten Denkens wird der Mensch zur Selbsterkenntnis geführt. Dieser Prozess hilft ihm, sich von Egoismus und Vorurteilen zu befreien und die Wahrheit ohne Voreingenommenheit zu erkennen. Die Reinigung von Geist und Seele durch Gebet, Reflexion und moralisches Verhalten ist eine Methode, um gutes Denken zu verwirklichen.

Praktische Beispiele:

- **Bewusste Entscheidungen**: Vor jeder Entscheidung sollte die Person sich auf Wahrheit und Gerechtigkeit konzentrieren, um den besten Weg zu wählen.

- **Umgang mit anderen**: Bei unangemessenem Verhalten sollte man statt mit Wut mit Nachdenken und Sanftmut reagieren.

- **Alltag**: Gutes Denken ermutigt den Menschen, stets nach Lösungen zu suchen, die allen zugutekommen und Schaden von anderen abwenden.

Letztlich ist gutes Denken ein Weg, einen freien und reinen Geist zu fördern, der den Menschen näher an persönliches und gesellschaftliches Glück bringt und ihn als aktives und nützliches Mitglied der kosmischen Ordnung etabliert.

Gute Worte (Hukhta)

Gute Worte (Hukhta), eines der grundlegenden Prinzipien des Zoroastrismus, bedeuten den richtigen und angemessenen Gebrauch der Sprache. Diese Lehre fordert, dass die Worte eines Menschen Wahrheit, Liebe und Weisheit widerspiegeln und frei von Lügen, Täuschung und sinnlosem Gerede sein sollten. Gute Worte sind nicht nur ein Ausdruck individueller Ethik, sondern spielen auch eine wichtige Rolle bei der Schaffung gesunder Beziehungen und einer gerechten Gesellschaft.

Details zu guten Worten:

1. **Wahrheit und Ehrlichkeit im Sprechen**: Gute Worte betonen Ehrlichkeit. Die Sprache des Menschen sollte mit der Wahrheit übereinstimmen und Verzerrungen der Realität oder falsche Aussagen vermeiden. Dieser Grundsatz wurzelt im Glauben an Asha (kosmische Ordnung), da Wahrheit ein Teil der göttlichen Ordnung und Gerechtigkeit ist.

2. **Liebe und Mitgefühl in der Sprache**: Worte sollten so gewählt werden, dass sie andere erfreuen, inspirieren und aus Liebe und Empathie entspringen. Gute Worte meiden Äußerungen, die verletzen, erniedrigen oder Groll hervorrufen.

3. **Vermeidung von Lügen und Täuschung**: Lügen und Täuschung führen zu Misstrauen und Unordnung in menschlichen und gesellschaftlichen Beziehungen. Gute Worte ermutigen dazu, selbst in schwierigen Situationen die Wahrheit zu sagen, da Ehrlichkeit die Grundlage für Vertrauen und gegenseitigen Respekt ist.

4. **Positive Wirkung**: Gute Worte sollten nicht nur wahrheitsgemäß, sondern auch nützlich, konstruktiv und ermutigend sein. Unangebrachte oder ziellose Worte können anderen schaden oder negative Energie erzeugen. Daher sollte der Mensch vor dem Sprechen nachdenken und Worte wählen, die inspirierend und positiv sind.

5. **Vermeidung von Klatsch und Verleumdung**: Gute Worte halten den Menschen davon ab, zu klatschen, schlecht zu reden oder Verleumdungen zu verbreiten. Solche Worte schädigen nicht nur den Charakter des Sprechers, sondern auch die menschlichen Beziehungen.

6. **Harmonie mit guten Gedanken und guten Taten**: Gute Worte sind eine Brücke zwischen guten Gedanken und guten Taten. Positive Gedanken führen zu richtigen Worten, und richtige Worte führen zu angemessenen Handlungen. Die Harmonie dieser drei Prinzipien trägt zu einem ausgeglichenen individuellen und gesellschaftlichen Leben bei.

Anwendungen im Alltag:

- **In der Familie**: Die Verwendung liebevoller und ermutigender Worte in familiären Beziehungen schafft tiefere Bindungen und eine wärmere Atmosphäre.

- **Am Arbeitsplatz**: Ehrlichkeit in der Kommunikation fördert das Vertrauen von Kollegen und Kunden und führt zu Erfolg.

- **In der Gesellschaft**: Höflichkeit und Respekt in öffentlichen Gesprächen stärken die Zusammengehörigkeit und reduzieren Spannungen.

Auswirkungen guter Worte:

- **Bessere Beziehungen**: Ehrliche und liebevolle Worte bilden die Grundlage für starke und gesunde Beziehungen.

- **Psychische Gesundheit**: Gute Worte reduzieren Groll, Wut und negative Gedanken und bringen dem Sprecher und Zuhörer Frieden.

- **Gegenseitiger Respekt**: Der Gebrauch weiser und würdevoller Sprache bringt Respekt von anderen mit sich.

Letztlich erinnert uns das Prinzip der guten Worte daran, dass die Macht der Sprache unsere Umwelt verändern kann. Durch den richtigen Gebrauch dieser Macht können wir zu einer gerechteren, liebevolleren und harmonischeren Gesellschaft beitragen.

Gute Taten (Hvarshta)

Gute Taten (Hvarshta), eines der grundlegenden Prinzipien des Zoroastrismus, bedeuten das Handeln in einer rechtschaffenen und guten Weise im täglichen Leben. Dieses Prinzip fordert, dass der Mensch seine Fähigkeiten nutzt, um anderen zu helfen, die Natur zu schützen und zur Schaffung von Harmonie und Gerechtigkeit in der Gesellschaft beizutragen. Gute Taten betreffen nicht nur individuelles Verhalten, sondern haben auch tiefgreifende Auswirkungen auf soziale Beziehungen und die Umwelt und tragen dazu bei, eine bessere und harmonischere Welt zu schaffen.

Details zu guten Taten:

1. **Hilfe für andere**: Eine zentrale Eigenschaft guter Taten ist die Hilfe für andere. Diese Hilfe kann direkt durch finanzielle, physische oder emotionale Unterstützung erfolgen oder indirekt durch die Schaffung von Bedingungen für das Wohl und das Wachstum anderer. Gute Taten bedeuten, sich für die Linderung von Leid und Problemen der Mitmenschen einzusetzen und an einer besseren Welt mitzuwirken.

2. **Schutz der Natur**: Im Zoroastrismus wird die Natur als göttliches und heiliges Geschenk betrachtet, das geschützt werden muss. Gute Taten umfassen praktische Maßnahmen zur Erhaltung natürlicher Ressourcen, zur Vermeidung von Umweltverschmutzung und zur Achtung lebender Wesen.

3. **Förderung von Harmonie und Gerechtigkeit in der Gesellschaft**: Gute Taten in sozialen Beziehungen bedeuten, sich für Gerechtigkeit, Zusammenhalt und Frieden einzusetzen. Menschen sollten Ungleichheiten abbauen, Konflikte reduzieren und gleiche Chancen für alle schaffen.

4. **Vermeidung von Gewalt und Schaden**: Gute Taten fordern, dass der Mensch in all seinen Handlungen Gewalt, Ungerechtigkeit und Schaden an anderen vermeidet. Dies schließt physische und verbale

Übergriffe aus und betont Respekt und Mitgefühl in menschlichen Beziehungen.

5. **Förderung von Ethik und Glauben im Handeln**: Gute Taten gehen über positive Handlungen und Hilfe hinaus und umfassen die Einhaltung moralischer und religiöser Prinzipien in allen Lebensbereichen, wie Ehrlichkeit im Handel, Respekt vor Gesetzen und Schutz der Umwelt.

Praktische Anwendungen:

- **In der Familie**: Unterstützung des Wachstums und Wohlergehens der Familienmitglieder, richtige Erziehung der Kinder und Fürsorge für Ältere.

- **Am Arbeitsplatz**: Ehrliche und sorgfältige Arbeit, Rücksicht auf das Wohl der Kollegen und Vermeidung von Korruption.

- **In der Gesellschaft**: Teilnahme an sozialen Projekten, Wohltätigkeitsarbeit und Förderung von Frieden und Gerechtigkeit.

Auswirkungen guter Taten:

- **Vertrauen und Respekt**: Gute Taten schaffen eine Atmosphäre des Vertrauens und der gegenseitigen Achtung.

- **Umweltschutz**: Nachhaltiges Handeln bewahrt die Natur für zukünftige Generationen.

- **Soziale Gerechtigkeit**: Gute Taten tragen zur Verringerung von Ungleichheiten und zur Schaffung einer faireren Gesellschaft bei.

Gute Taten verweisen auf rechtes und ethisches Handeln in allen Lebensbereichen mit dem Ziel, Menschen zu dienen, die Natur zu achten und Gerechtigkeit sowie Harmonie in der Gesellschaft zu fördern.

Diese drei Prinzipien sind nicht nur eine Anleitung für individuelles Verhalten, sondern auch Werkzeuge, um den Kräften des Bösen entgegenzuwirken und die Kräfte des Guten in der Welt zu stärken. Jeder Einzelne kann durch sein tägliches Handeln an diesem moralischen Kampf teilnehmen und zum Sieg des Guten beitragen.

Soziale und globale Verantwortung

Die ethische Dimension der zoroastrischen Dualität beschränkt sich nicht nur auf das individuelle Leben. Diese Lehren fordern von ihren Anhängern, auch in der Gesellschaft eine aktive Rolle zu übernehmen. Die Menschen sind verpflichtet, Gerechtigkeit, Frieden und soziale Solidarität zu fördern und durch diese Handlungen die Welt zu einem besseren Ort zu machen. Der Schutz der Natur, die Teil der göttlichen Ordnung ist, wird ebenfalls als eine ethische Pflicht betrachtet.

Folgen ethischer Entscheidungen

Jede Entscheidung, die ein Mensch trifft, beeinflusst nicht nur sein eigenes Leben, sondern die gesamte Welt. Gute Entscheidungen stärken die Kräfte von Asha und bringen den endgültigen Sieg von Ahura Mazda näher. Schlechte Entscheidungen hingegen verbreiten Chaos und Druj. Diese Sichtweise führt den Menschen zu einem tiefen Verständnis der Auswirkungen seines Handelns auf die gesamte Schöpfung.

Ethik als Front im kosmischen Kampf

Die ethische Dimension der zoroastrischen Dualität bietet nicht nur einen Rahmen für ein moralisches Leben, sondern macht den Menschen auch zu einem aktiven Teilnehmer im kosmischen Kampf. Diese Lehren zeigen, dass jeder Mensch durch seine Entscheidungen und Handlungen Teil dieses Kampfes zwischen Gut und Böse ist und zum endgültigen Sieg von Licht und Wahrheit beitragen kann. Die Zoroastrier glauben, dass das Gute letztlich siegen wird, doch dieser Sieg hängt von der aktiven Mitwirkung der Menschen in diesem Kampf ab.

Einfluss der zoroastrischen Dualität auf andere Religionen und Philosophien

Die zoroastrische Dualität, mit ihrem Fokus auf den Gegensatz zwischen den Kräften des Guten und des Bösen, gehört zu den grundlegenden Konzepten, die viele religiöse und philosophische Traditionen beeinflusst haben. Diese Einflüsse sind nicht nur in iranischen Religionen wie dem Manichäismus, sondern auch in den abrahamitischen Religionen, im Neuplatonismus und im islamischen Mystizismus deutlich sichtbar.

Einfluss auf den Manichäismus

Die Religion des Mani, die im 3. Jahrhundert entstand, wurde direkt von den zoroastrischen Lehren über die Dualität von Gut und Böse beeinflusst.

Zentralität des Kampfes zwischen Licht und Dunkelheit

Mani sah die Welt als Schauplatz eines kosmischen Kampfes zwischen zwei gegensätzlichen Kräften:

• Licht: Symbol für das Gute, den Geist und die Wahrheit.

• Dunkelheit: Symbol für das Böse, die Materie und die Unwissenheit.

Dieses Konzept ist klar inspiriert von der zoroastrischen Gegenüberstellung von Asha (kosmische Ordnung) und Druj (Chaos).

Rettung der menschlichen Seele

Im Manichäismus ist die menschliche Seele ein Teil des göttlichen Lichts, das in der Materie gefangen ist. Die Aufgabe des Menschen besteht darin, dieses Licht aus der Dunkelheit zu befreien – eine deutliche Parallele zum zoroastrischen Kampf zwischen Gut und Böse. Diese Sichtweise spiegelt sich besonders in der ethischen Struktur und der Weltanschauung des Manichäismus wider und basiert stark auf den zoroastrischen Lehren über die freie Wahl und die Verantwortung des Menschen.

Einfluss auf die kosmische Struktur des Manichäismus

Der Manichäismus übernahm von der zoroastrischen Tradition die Vorstellung einer Welt, die ständig in diesen Kampf verwickelt ist. Dieses Konzept wird in manichäischen Texten wie dem „Lebenden Evangelium" ausführlich beschrieben und hatte großen Einfluss auf die Verbreitung dieser Religion im Nahen Osten und sogar in Zentralasien.

Einfluss auf die abrahamitischen Religionen

Die Dualität zwischen Ahura Mazda und Ahriman hatte einen indirekten, aber bedeutenden Einfluss auf das Judentum, das Christentum und den Islam.

Gott und Satan: Der Gegensatz zwischen Gut und Böse

In Judentum, Christentum und Islam wird Gott als Quelle des absoluten Guten und Satan (oder Iblis) als Verkörperung des absoluten Bösen dargestellt.

Diese Gegenüberstellung ähnelt stark Ahura Mazda (Gut und Schöpfer der Ordnung) und Ahriman (Böse und Vertreter des Chaos).

Die kosmische Idee, dass das Böse gegen das Gute antritt, ist in den abrahamitischen Religionen zwar nicht rein dualistisch, folgt aber einer ähnlichen Struktur.

Freie Wahl und Verantwortung des Menschen

In den zoroastrischen Lehren ist der Mensch frei, zwischen Asha (Ordnung) und Druj (Chaos) zu wählen. Diese Freiheit bringt eine schwere ethische Verantwortung mit sich.

Dieses Konzept findet sich auch in den abrahamitischen Religionen:

• Im Islam steht der Mensch in einer göttlichen Prüfung und bestimmt sein Schicksal im Jenseits durch die Wahl zwischen Gut und Böse.

• Im Christentum bildet die freie Wahl des Menschen und seine Erlösung von der Sünde den Kern der Lehren.

Endzeit und endgültiger Sieg des Guten

Im Zoroastrismus endet die Welt mit dem endgültigen Sieg von Ahura Mazda über Ahriman. Dieses Konzept ähnelt stark den apokalyptischen Vorstellungen im Christentum und im Islam, wo Gott am Ende über die satanischen Kräfte triumphiert.

Einfluss auf die neuplatonische Philosophie und die islamische Mystik

Neuplatonische Philosophie: Der Gegensatz von Licht und Materie

In der neuplatonischen Philosophie, insbesondere in den Werken Plotins, wird die Welt in zwei Prinzipien unterteilt: Licht und Materie. Das Licht steht für die göttliche Vollkommenheit, während die Materie (Dunkelheit) die Unvollkommenheit und die Entfernung von Gott symbolisiert.

Diese Vorstellung wurde indirekt von den zoroastrischen Lehren über Licht und Dunkelheit beeinflusst, da die neuplatonische Philosophie durch die griechische Philosophie und persische Einflüsse weiterentwickelt wurde.

Die neuplatonische Philosophie, wie sie sich in den Schriften Plotins zeigt, basiert auf der Annahme, dass die Welt aus zwei grundlegenden Prinzipien besteht: Licht und Materie. Diese Dualität spielt eine zentrale Rolle bei der Erklärung der Beziehung des Menschen zum Kosmos und zu Gott. In dieser Philosophie steht Licht für göttliche Vollkommenheit, während Materie oder Dunkelheit Unvollkommenheit und Entfernung vom Göttlichen bedeutet.

Licht und göttliche Vollkommenheit

In der neuplatonischen Philosophie wird Licht als Symbol der absoluten Wahrheit und Vollkommenheit angesehen. Es repräsentiert das reine Sein, die göttliche Einheit und die absolute Perfektion. In Plotins Lehre ist das Eine (The One) die einzige Quelle des Lichts, aus der alle Wesen hervorgehen. Dieses Licht strömt herab und manifestiert sich in verschiedenen Seinsformen. Licht steht somit für Einheit und Harmonie – eine Kraft, die alle Wesen intuitiv anzieht, um zur Vollkommenheit zu gelangen.

Materie und Unvollkommenheit

Im Gegensatz dazu steht Materie oder Dunkelheit für Unvollkommenheit, Vielheit und Entfernung von der Vollkommenheit. Plotin beschreibt, dass Materie, je weiter sie sich vom Licht entfernt, umso mehr von göttlicher Vollkommenheit abweicht und in einen Zustand von Konflikt, Chaos und Disharmonie gerät. Materie wird in der neuplatonischen Metaphysik als etwas betrachtet, das sich zur Vollkommenheit hin transformieren und reinigen muss. Dieses Verständnis prägt die gesamte Sicht auf die materielle Welt als eine Sphäre der ständigen Veränderung und Bewegung.

Zoroastrische Einflüsse

Diese Gegenüberstellung von Licht und Materie in der neuplatonischen Philosophie wurde indirekt von den zoroastrischen Lehren beeinflusst. Im Zoroastrismus steht Licht für Ahura Mazda und seine Kräfte, während Dunkelheit Angra Mainyu und die Mächte des Bösen repräsentiert. Hier wie dort stehen Licht und Dunkelheit in einem kosmischen Gegensatz.

Diese dualistische Weltanschauung – der ewige Kampf zwischen Licht und Dunkelheit – gelangte durch persische Einflüsse in die griechische Welt und fand in der neuplatonischen Philosophie ihren Ausdruck. Die Neuplatoniker übernahmen diese Idee und sahen Licht und Materie als zwei gegensätzliche Kräfte, die sich ständig im Widerstreit befinden. Das Ziel des Menschen besteht darin, zur göttlichen Einheit und zum Licht zurückzukehren – eine Vorstellung, die ihren Ursprung in der zoroastrischen Philosophie hat.

Islamische Mystik: Die Philosophie der Erleuchtung (Hikmat al-Ishraq)

In der islamischen Mystik, insbesondere in der „Philosophie der Erleuchtung", die von Shihab al-Din Suhrawardi begründet wurde, spielt die Gegenüberstellung von Licht und Dunkelheit eine zentrale Rolle. Diese Dualität ist nicht nur für die metaphysischen und mystischen Prinzipien von Bedeutung, sondern bildet auch die Grundlage für die Erkenntnis des Seins und des Sinns der menschlichen Existenz.

1. Licht und Dunkelheit in der Philosophie der Erleuchtung

Suhrawardi verwendet in seiner Philosophie der Erleuchtung konsequent die Begriffe Licht und Dunkelheit. Licht ist das Symbol der göttlichen Wahrheit, aus der alles hervorgeht und die sich in der gesamten Schöpfung manifestiert. Licht steht für das absolute Sein, die göttliche Vollkommenheit und die höchste Wahrheit. Die gesamte Schöpfung strebt natürlich nach diesem Licht.

Dunkelheit hingegen symbolisiert die Entfernung von der Wahrheit und die Unvollkommenheit. In der Philosophie der Erleuchtung ist Dunkelheit die Abwesenheit des göttlichen Lichts und seiner Manifestationen. In der materiellen Welt zeigt sich diese Dunkelheit in Form von Unwissenheit, Verderbtheit und Abweichung vom Pfad der Wahrheit. Der Mensch muss sich aus dieser Dunkelheit befreien und zum göttlichen Licht zurückkehren, um Wahrheit und Vollkommenheit zu erlangen.

2. Zoroastrische Einflüsse

Die Begriffe Licht und Dunkelheit, wie sie Suhrawardi verwendet, sind eindeutig von den zoroastrischen Lehren inspiriert. Im Zoroastrismus ist Ahura Mazda das absolute Licht und Angra Mainyu die absolute Dunkelheit. Diese Lehren, die Licht und Dunkelheit als Symbole für Gut und Böse verstehen, haben über die Neuplatoniker direkten Einfluss auf die Philosophie der Erleuchtung ausgeübt.

3. Das Konzept des „Lichts der Lichter" (Nur al-Anwar) und seine Parallele zu Ahura Mazda

Ein zentrales Konzept in Suhrawardis Lehre ist das „Licht der Lichter" (Nur al-Anwar), das als höchstes Licht und als Quelle allen Lichts beschrieben wird. In der Philosophie der Erleuchtung ist dieses Licht der Ursprung und die Quelle allen Seins. Diese Vorstellung weist eine auffällige Parallele zu Ahura Mazda im Zoroastrismus auf, der ebenfalls als absolutes Licht und Ursprung allen Guten gilt. Diese Ähnlichkeit zeigt den tiefen philosophischen Einfluss der iranischen Lehren auf Suhrawardis Denken.

4. Der Weg zur Wahrheit

In der Philosophie der Erleuchtung führt der Weg zur göttlichen Wahrheit und zum höchsten Licht über Meditation, innere Erkenntnis und spirituelle Entdeckung. Suhrawardi betont insbesondere die Bedeutung der inneren Erleuchtung und der spirituellen Läuterung. Der Mensch muss die Dunkelheit der Unwissenheit und der materiellen Anhaftung überwinden, um das innere Licht der Erkenntnis und die Vereinigung mit der göttlichen Wahrheit zu erreichen.

Dieser Weg unterscheidet sich grundlegend von materialistischen Philosophien. In der Philosophie der Erleuchtung kann der Mensch nur durch spirituelle Entwicklung und innere Erleuchtung zur höchsten Wahrheit gelangen – ein Gedanke, der seine Wurzeln ebenfalls in der zoroastrischen Tradition hat.

5. Unterschiede zur neuplatonischen Philosophie

Während auch in der neuplatonischen Philosophie der Dualismus von Licht und Materie existiert, legt die „Hikmat al-Ishraq" (die Philosophie der Erleuchtung) einen stärkeren Fokus auf die metaphysischen und spirituellen Dimensionen. Sie empfiehlt dem Menschen, sich durch Selbsterkenntnis und spirituelle Entwicklung der göttlichen Wahrheit anzunähern. In der neuplatonischen Philosophie erscheinen Licht und Materie eher als metaphysische Prinzipien, die die göttliche Vollkommenheit in der äußeren Welt erklären. In der „Hikmat al-Ishraq" hingegen dienen diese Begriffe eher als Werkzeuge zur Erforschung des inneren Wesens und zur Rückkehr zur inneren Wahrheit.

Letztendlich schafft die Philosophie der Erleuchtung von Scheich Suhrawardi durch die Betonung von Licht und Dunkelheit als fundamentale Prinzipien der Existenz ein philosophisch-mystisches System, das stark von der zoroastrischen Lehre beeinflusst ist. Die Begriffe Licht und Dunkelheit gelten hier nicht nur als kosmologische Grundprinzipien, sondern auch als Wege zur Erlangung göttlicher Wahrheit und Vollkommenheit. In diesem Sinne kann die „Hikmat al-Ishraq" als eine Brücke zwischen iranischer und islamischer Philosophie betrachtet werden, die den Menschen durch die Orientierung am Licht zur spirituellen Vollendung führt.

Einfluss auf Sufismus und Mystik

Das Konzept des inneren Kampfes zwischen Gut und Böse in der menschlichen Seele, das im islamischen Sufismus eine zentrale Rolle spielt, zeigt deutliche Parallelen zum inneren Konflikt zwischen „Asha" (Wahrheit) und „Druj" (Lüge) in der zoroastrischen Tradition.

Im Sufismus soll der Mensch durch Askese, Selbstläuterung und Frömmigkeit aus der Dunkelheit der Unwissenheit und Sünde zum Licht der Erkenntnis und Vollkommenheit gelangen.

Philosophie und menschliche Ethik

Die zoroastrische Lehre des Dualismus zwischen Gut und Böse hat wesentlich zur Entwicklung eines ethischen Weltbildes beigetragen, das sowohl das Individuum als auch die Gesellschaft beeinflusst hat. Diese

Lehren, zusammen mit anderen philosophischen Strömungen, bieten einen Rahmen, um die moralische und spirituelle Verantwortung des Menschen in seinem täglichen Leben zu verstehen.

Letztendlich hat der zoroastrische Dualismus, der als ständiger Kampf zwischen Gut und Böse dargestellt wird, tiefgreifende Spuren im menschlichen Denken hinterlassen. Er findet sich wieder in den Vorstellungen des islamischen Sufismus, der neuplatonischen Philosophie und auch in den abrahamitischen Religionen. Diese Lehren verdeutlichen die Tiefe der zoroastrischen Reflexion über Ethik, den Sinn des Lebens und die Beziehung des Menschen zu Gott und zur Welt.

Philosophische und kulturelle Auswirkungen des zoroastrischen Dualismus

Der zoroastrische Dualismus hatte tiefgreifende Auswirkungen auf die iranische und globale Philosophie und Kultur:

• Er stellt den Menschen ins Zentrum des Kampfes zwischen Gut und Böse und hebt seine ethische Verantwortung hervor.

• Das Konzept des Dualismus bildete eine Grundlage für metaphysische Theorien über den Ursprung des Bösen in der Welt. Viele islamische und westliche Philosophen, einschließlich Augustinus, griffen in ihren Erklärungen zur Existenz des Bösen auf ähnliche Konzepte zurück.

• Dieser Dualismus führte zu einer optimistischen Sichtweise, die das Ende der Geschichte als Sieg des Guten und die Errichtung göttlicher Ordnung betrachtet. Diese Perspektive vermittelt eine positive Interpretation des Schicksals von Menschheit und Welt.

• Der Dualismus zwischen Ahura Mazda und Angra Mainyu ist nicht nur ein religiöses Prinzip, sondern auch ein umfassendes philosophisches Konzept mit tiefen Wurzeln in Ethik, Metaphysik und Kosmologie. Dieses Prinzip bietet einen Rahmen zur Analyse der Existenz und der Stellung des Menschen darin. Sein Einfluss auf spätere Religionen und Philosophien – von Manichäismus bis Mystik – ist deutlich erkennbar. Dieses Konzept bleibt bis heute in philosophischen und religiösen Diskursen als Modell für den Kampf zwischen Gut und Böse lebendig.

Zeitverständnis in der zoroastrischen Philosophie

Die Zeitauffassung in der zoroastrischen Philosophie bezieht sich nicht nur auf die Einteilung der Zeit in „Menog" (spirituelle Welt) und „Getig" (materielle Welt), sondern betont auch die ethische Verantwortung des Menschen, sich aktiv auf den Weg zur Vollkommenheit und Wahrheit zu begeben. Diese Philosophie bietet eine tiefgründige Einsicht in die Beziehung zwischen Mensch und Kosmos und fordert den Menschen auf, mit Bewusstsein und Verantwortung auf das Licht und die Wahrheit hinzuarbeiten, um letztendlich den endgültigen Sieg des Lichts und der Vollkommenheit zu erreichen.

Zeiteinteilung: Menog und Getig

In der zoroastrischen Philosophie wird die Zeit in zwei Hauptphasen unterteilt, die jeweils ihre eigenen Merkmale und Funktionen haben:

a. Menog-Zeit (die ewige Zeit)

• Definition: Die Menog-Zeit, auch bekannt als „unendliches Zurvan", ist ein Zustand jenseits von Materie, Veränderung und Begrenzung. Diese Zeit ist ewig, ohne Anfang und Ende.

• Merkmale:

• In dieser Phase existieren Ahura Mazda (Repräsentant von Licht und Ordnung) und Angra Mainyu (Ahriman, Repräsentant von Dunkelheit und

Chaos) als zwei gegensätzliche Kräfte, die jedoch noch nicht in die materielle Welt eingetreten sind.

• Die Menog-Zeit ist die Phase vor der Schöpfung, in der der kosmische Ordnungsplan (Asha) von Ahura Mazda entworfen wird.

• Philosophische Funktion: Diese Phase hat vor allem eine metaphysische Dimension und bezieht sich auf die Vorbereitung und Planung der materiellen Welt und des Kampfes zwischen Gut und Böse.

b. Getig-Zeit (die materielle Zeit)

• Definition: Die Getig-Zeit ist die begrenzte, messbare Zeit, die mit der Erschaffung der materiellen Welt beginnt und mit dem Ende des Kampfes zwischen Gut und Böse abgeschlossen wird.

• Merkmale:

• In dieser Phase wird der Menog-Plan verwirklicht, und der aktive Kampf zwischen Licht und Dunkelheit findet statt.

• In der Getig-Zeit betreten der Mensch und andere materielle Wesen die Bühne und übernehmen ihre Rollen in diesem kosmischen Drama.

• Ende der Getig-Zeit: Diese Phase endet mit dem endgültigen Sieg des Guten über das Böse, woraufhin die materielle Zeit endet und die Welt in ihren ewigen, vollkommenen Zustand zurückkehrt.

Das Ende der Zeit: Der Sieg des Lichts über die Dunkelheit

Ein herausragendes Merkmal der zoroastrischen Philosophie ist ihr optimistischer Blick auf das Ende der materiellen Zeit:

• „Frashokereti" (die gute Vollendung): Das Ende der materiellen Welt wird vom endgültigen Sieg des Lichts über die Dunkelheit begleitet. In dieser Phase:

• Ahriman und die Mächte des Bösen werden vollständig besiegt.

• Die kosmische Ordnung (Asha) wird vollständig verwirklicht, und die Welt kehrt in einen ewigen und perfekten Zustand zurück.

• Universelle Erlösung: Alle Wesen, einschließlich der Menschen, erlangen in diesem Prozess Erlösung. Diese Idee spiegelt die optimistische und hoffnungsvolle Sicht der zoroastrischen Philosophie auf das Schicksal der Menschheit und der Welt wider.

Ethik und menschliche Verantwortung im Rahmen der zoroastrischen Zeitphilosophie

Die Zeiteinteilung in der zoroastrischen Philosophie hat direkten Einfluss auf das ethische Weltbild und die Pflichten des Menschen:

a. Die Rolle des Menschen in der Getig-Zeit

• Kampf gegen das Böse: Der Mensch, als bewusstes und willensfreies Wesen, trägt die Verantwortung, aktiv am Kampf zwischen Gut und Böse teilzunehmen. Jeder gute Gedanke, jedes gute Wort und jede gute Tat stärkt die Mächte des Lichts.

• Zusammenarbeit mit Ahura Mazda: Die Menschen gelten als Mitstreiter von Ahura Mazda und sind verpflichtet, die Ordnung (Asha) zu verbreiten und dem Chaos (Druj) entgegenzuwirken.

• Ethische Rolle: Der freie Wille während der Getig-Zeit ist die Gelegenheit für den Menschen, seine ethische Verpflichtung zu Güte und Vollkommenheit unter Beweis zu stellen.

b. Beziehung zwischen Ethik und kosmischer Ordnung (Asha)

• Asha als universelle Ordnung: Asha ist das grundlegende Prinzip der Ordnung in der Welt – es umfasst die natürliche, ethische und kosmische Ordnung.

• Ethische Pflicht des Menschen: Jeder Einzelne trägt durch die Einhaltung der Prinzipien von Asha zur Verwirklichung der kosmischen Ordnung bei.

Diese Prinzipien werden in der zoroastrischen Ethik durch die Formel „guter Gedanke, gutes Wort, gute Tat" ausgedrückt.

Zoroastrische Zeitphilosophie und der optimistische Blick in die Zukunft

Die zoroastrische Philosophie unterscheidet sich von vielen philosophischen Systemen, die das Ende der Welt pessimistisch oder katastrophal betrachten. Im Gegensatz dazu bietet sie eine positive und hoffnungsvolle Perspektive:

• Eine bessere Welt: Das Ende der materiellen Zeit markiert den Beginn einer Ära, in der es keine Spur von Bösem und Dunkelheit mehr gibt.

• Menschliche Vollkommenheit: Im Prozess des Weltendes erreicht die Menschheit ihre höchste spirituelle und ethische Vollkommenheit.

• Vollständige Harmonie: Nach dem Sieg des Lichts kehrt die Welt in einen ewigen, harmonischen Zustand zurück, in dem alle Wesen in Frieden und Harmonie leben.

Einfluss der zoroastrischen Zeitphilosophie auf andere Religionen und Philosophien

Die Einteilung der Zeit in Menog und Getig sowie der optimistische Blick auf das Weltende hatten bedeutende Auswirkungen auf spätere Religionen und philosophische Systeme:

• In den abrahamitischen Religionen (Judentum, Christentum, Islam): Die Konzepte von „Schöpfung" und „Weltende" weisen starke Parallelen zur zoroastrischen Zeitphilosophie auf. Die Ideen von Auferstehung, Jüngstem Gericht und dem endgültigen Sieg des Guten über das Böse sind eindeutig von diesem Denksystem beeinflusst.

Der Einfluss der zoroastrischen Zeitauffassung auf andere Religionen und Philosophien

Die Aufteilung der Zeit in Menog und Getig sowie der optimistische Blick auf das Ende der Welt hatten wichtige Auswirkungen auf spätere Religionen und Philosophien:

• In den abrahamitischen Religionen (Judentum, Christentum, Islam):

Das Konzept von „Schöpfung" und „Weltende" weist viele Ähnlichkeiten mit der zoroastrischen Zeitauffassung auf. Die Idee der Auferstehung, des Jüngsten Gerichts und des endgültigen Sieges des Guten über das Böse ist eindeutig von diesem Denksystem beeinflusst.

• In neueren Philosophien:

– Die Neuplatoniker ließen sich von Konzepten wie der Rückkehr zum Ursprungslicht und ewiger Harmonie inspirieren.

– In der islamischen Mystik findet sich die Idee von „Licht und Dunkelheit" sowie die Rolle des Menschen bei der Annäherung an das göttliche Licht, was Parallelen zu dieser Philosophie aufweist.

Die zoroastrische Zeitauffassung ist ein tiefgreifendes philosophisches System, das die Zeit in zwei Perioden – Menog (ewig) und Getig (materiell) – unterteilt. Diese Einteilung stellt die Welt als das Schlachtfeld zwischen Gut und Böse dar und setzt den Menschen in den Mittelpunkt dieses Kampfes. Das Ende dieses Kampfes, gekennzeichnet durch den endgültigen Sieg des Lichts über die Dunkelheit, symbolisiert einen positiven und hoffnungsvollen Blick in die Zukunft. Diese Philosophie legt großen Wert auf Ethik, menschliche Verantwortung und die Zusammenarbeit des Menschen mit der kosmischen Ordnung (Asha) und zählt weiterhin zu den einflussreichsten Denksystemen in der Geschichte von Philosophie und Religion.

Die mitreischen Riten

Die mitreischen Riten sind eines der bedeutendsten religiösen und philosophischen Systeme des antiken Iran, das einen enormen Einfluss auf das vorislamische Denken, die iranische Kultur und sogar auf die Religionen und Philosophien im Westen während des Römischen Reiches hatte. Dieses System, dessen Kern die Verehrung von Mehr (Mithra) – dem Gott des Lichts, des Bundes und der Gerechtigkeit – war, zeichnete sich durch geheimnisvolle, spirituelle und ethische Merkmale aus. Im Folgenden werden verschiedene Aspekte der mitreischen Riten und ihre Einflüsse beleuchtet.

1. Iranischer Ursprung

Die mitreischen Riten haben ihre Wurzeln in der arischen Kultur und gelten als eine der ältesten Religionen Irans. Dieses System entwickelte sich vermutlich in der Zeit des antiken Iran und der Ariens. Mithra bzw. Mehr spielte in diesen Kulturen eine zentrale Rolle unter den indoeuropäischen Völkern. Die Verehrung von Mehr, die sowohl bei den Iranern, den Hindu als auch bei einigen anderen Völkern verbreitet war, zeichnete sich durch gemeinsame Merkmale aus – unter anderem durch die Betonung von Licht und Vollkommenheit. Im antiken Iran war die Verehrung von Mehr in unterschiedlichen religiösen und gesellschaftlichen Ritualen weit verbreitet.

2. Mithra (Mehr) in den avestischen Texten

In den avestischen Schriften, die zu den wichtigsten religiösen Texten der Zoroastrier zählen, wird Mithra als Gott des Lichts und der Wahrheit vorgestellt. Er repräsentiert ethische und kosmologische Ideale und fungiert zudem als vermittelnde Kraft zwischen Menschen und Göttern. In diesen Texten obliegt es Mithra, die kosmische Ordnung (Asha) aufrechtzuerhalten und die Verbindung zwischen dem Menschen und den übernatürlichen Mächten zu ermöglichen. Mehr symbolisiert Licht, Ehrlichkeit und die Treue zu Vereinbarungen und spielt eine wichtige Rolle bei der Schaffung und Erhaltung von Gleichgewicht und kosmischer Ordnung. Da in vielen antiken Religionen das Licht als Symbol für Vollkommenheit und Wahrheit sowie als Mittel zur Reinigung von Dunkelheit und Bösem angesehen wurde, erfüllt Mehr auch in diesem Sinne die Rolle eines Symbols für Licht und Wahrheit.

3. Beziehung zum zoroastrischen Glauben

Mithra ist auch im zoroastrischen Glauben präsent, wenn auch in einer weniger dominanten Rolle als in den mitreischen Riten. Im Zoroastrismus wird Mithra weiterhin als ein Gott des Lichts und der Wahrheit und als einer der wichtigen Gottheiten angesehen, während Ahura Mazda als der Hauptgott gilt, der für die Erschaffung und den Erhalt der Welt verantwortlich ist. In diesem Rahmen wird Mithra als einer der Gefolgsleute Ahura Mazdas betrachtet, der die kosmische Ordnung bewahrt und die Wahrheit sowie Gerechtigkeit verteidigt. Im mitreischen Glauben jedoch nimmt Mithra eine zentrale und deutlich hervorgehobene Stellung ein.

4. Der Mithräische Kult und seine Einflüsse

Der Mithräische Kult verbreitete sich in späteren Zeiten im Römischen Reich und übte tiefgreifende Einflüsse auf verschiedene Kulturen – etwa in Griechenland und Rom – aus. In diesem Kult wurde Mithra nicht nur als Gott des Lichts und der Wahrheit verehrt, sondern auch als Symbol göttlicher Bündnisse sowie als Vermittler zwischen Menschen und Göttern. Im Mithräischen Kult spielte Mithra eine sehr zentrale Rolle bei der Führung und Lenkung der menschlichen Seele in Richtung Vollkommenheit, und es fanden spezielle Zeremonien, die sogenannten mithräischen Rituale, statt, deren Ziel die spirituelle Stärkung und Reinigung der Menschen war.

Philosophie und Ethik des Mithräischen Kults

Der Mithräische Kult vereinte moralische und philosophische Lehren, die die Verantwortung des Einzelnen gegenüber der Welt betonten.

Kampf zwischen Gut und Böse

In der Philosophie des Mithräischen Kults wird die Welt zur Bühne eines ewigen Kampfes zwischen den Kräften des Lichts (Gut) und der Dunkelheit (Böse). Dieser Kampf richtet sich grundsätzlich gegen die individuellen Entscheidungen und das Verhalten der Menschen. Die Anhänger Mithras waren verpflichtet, durch die Wahl tugendhaften Verhaltens und das Befolgen ethischer Prinzipien die Kräfte des Lichts und der Gerechtigkeit in der Welt zu stärken. Mithra, als Gott des Lichts, strebte stets danach, eine Versöhnung zwischen den gegensätzlichen Kräften herzustellen und die kosmische Ordnung zu festigen. Aus diesem Grund zählten ethische Entscheidungen und die Wahrung der Wahrheit zu den wesentlichen Pflichten des Einzelnen im täglichen Leben.

Im Mithräischen Kult sollten die Anhänger in ihrem Alltag Entscheidungen treffen, die das Gute fördern und das Böse ausmerzen. Dieser Kampf war nicht nur auf kosmischer Ebene, sondern auch in individuellen und sozialen Dimensionen deutlich erkennbar – der weltanschauliche Mithraismus knüpfte den Kampf zwischen Gut und Böse letztlich untrennbar an die moralische Leistung des Einzelnen.

Spirituelles Wachstum

Der Mithräische Kult legte großen Wert auf spirituelles Wachstum. Die Anhänger Mithras sollten durch geheimnisvolle Rituale und spirituelle Lehren allmählich dem göttlichen Licht näherkommen und ihre Seele vervollkommnen. Diese rituellen Zeremonien, die für bestimmte Personen in unterschiedlichen Initiationsstufen vorgesehen waren, betonten die spirituellen Prinzipien, die seelische Reinigung und das Erreichen der ultimativen Wahrheit. Diese Phasen wirkten gewissermaßen als ein Prozess der spirituellen Erhebung und halfen den Anhängern Mithras, von einem Niveau des Wissens zu einem höheren Bewusstsein und einer tieferen Verbindung mit der universellen Wahrheit zu gelangen.

Durch diese Prozesse strebten die Anhänger an, ihr letztendliches Ziel zu verwirklichen, das sie als direkte Verbindung zum göttlichen Licht und als spirituelle Erhebung verstanden. Dieses spirituelle Wachstum im Mithräischen Kult bedeutete nicht nur, der Wahrheit und dem Licht näherzukommen, sondern wurde auch als Weg zur Erreichung der menschlichen Vollkommenheit gesehen.

Gerechtigkeit und Ordnung

In den Lehren des Mithräischen Kults bildeten Gerechtigkeit und kosmische Ordnung grundlegende Prinzipien. Mithra, als Bewahrer von Gerechtigkeit und Ordnung, forderte seine Anhänger auf, diese Prinzipien in ihrem Leben zu praktizieren. Er zeigte den Gläubigen nicht nur als Gott, sondern auch als Symbol für universelle Gerechtigkeit und Ordnung, wie sie im täglichen Leben umzusetzen seien, um zur Aufrechterhaltung der kosmischen Ordnung beizutragen.

Diese Lehren fanden auf verschiedenen Ebenen Anwendung: Einerseits waren die Anhänger verpflichtet, Gerechtigkeit in ihren persönlichen und sozialen Beziehungen zu wahren, und andererseits mussten sie sich aktiv im Kampf gegen das Böse und die Ungerechtigkeit in der Gesellschaft engagieren. Im Mithräischen Kult wurde davon ausgegangen, dass diese Handlungen direkt zur Aufrechterhaltung der kosmischen Ordnung und zur Bekämpfung der Dunkelheit beitrugen.

Die Verbreitung des Mithraskults im antiken Rom

Der Mithraskult, der ursprünglich in Altpersien während der Achämeniden- und Sassanidenzeit verbreitet war, fand ab dem 1. Jahrhundert n. Chr. Eingang in das Römische Reich. Zunächst erlangte diese Religion vor allem unter Soldaten und bestimmten gesellschaftlichen Gruppen Popularität. In verschiedenen Provinzen des Römischen Reiches – etwa in Italien, Frankreich, Großbritannien und Deutschland – wurden Mithräen (Tempel des Mithras) errichtet. Diese Tempel waren meist unterirdisch angelegt und zeichneten sich durch ihre eigenen, besonderen Kultrituale aus.

Die Riten des Mithraskults in Rom

Die Rituale des Mithraskults umfassten geheimnisvolle Andachten, spezielle Feste und Zeremonien wie die Sonnenverehrung sowie das Konzept des „Lichts", wobei Mithras als Gott des Lichts verehrt wurde. Eine der bekanntesten Zeremonien der Mithraskultanhänger war die symbolische „Simulation der Tötung eines Rinds", die in zahlreichen Mithräen im antiken Rom zelebriert wurde.

Heilige Stätten und Mithräen

Die Mithräen – wie diese Tempel genannt wurden – wurden zumeist in Untergründen oder Höhlen errichtet. Diese religiösen Orte nutzten die dunkle und geheimnisvolle Atmosphäre, um einen heiligen Raum zu schaffen, der als Symbol für die Verbindung zur geistigen und göttlichen Welt diente. In diesen Tempeln waren Statuen und Reliefs zu sehen, die Mithras in der Handlung der Rindertötung darstellen – ein zentrales religiöses Bild dieser Glaubensrichtung.

Riten und Feste

Im antiken Rom wurden die Feste des Mithraskults insbesondere an den kürzesten Nächten des Jahres, also zur Wintersonnenwende (Winter Solstice), gefeiert. Diese Termine, die mit der Wiedergeburt der Sonne und einem symbolischen Sieg des Lichts über die Dunkelheit einhergingen, wurden festlich begangen. Später fielen einige dieser Bräuche mit den Feierlichkeiten zur Geburt Christi zusammen, sodass viele rituelle Elemente in das Christentum übernommen wurden.

Das Konzept von Erlösung und Leben nach dem Tod

Im Mithraskult, wie in vielen anderen antiken Religionen, spielte der Glaube an das Leben nach dem Tod und an die Erlösung eine zentrale Rolle. Mithras wurde als heilender Gott angesehen, dessen Funktion mit der anderer Gottheiten – wie etwa Eschatos oder dem christlichen Erlöser – vergleichbar war. Nach dem Tod glaubten die Anhänger, dass sie in den Himmel geführt würden, wobei die Erlösung an das Befolgen der kosmischen und spirituellen Gesetze Mithras gekoppelt war.

Die Rolle Mithras' in der kulturellen und philosophischen Transformation Europas

Bei der Betrachtung des Einflusses des Mithraskults auf die Kultur des antiken Rom fällt auf, dass diese Religion in den religiösen und philosophischen Umwälzungen Europas eine bedeutende Rolle spielte. Mithraskult war Teil eines Prozesses, in dem grundlegende Konzepte wie das „Licht" als Symbol für Wahrheit und Erlösung in der Geschichte der westlichen Zivilisation überdauernd wurden.

Einfluss auf die neuplatonische Philosophie

Einige Neuplatoniker, etwa Plotin, griffen auf Konzepte zurück, die Parallelen zum Mithraskult aufweisen – insbesondere hinsichtlich der Begriffe „Licht" und „Das Eine". Diese Ähnlichkeiten deuten darauf hin, dass Elemente des Mithraskults in die neuplatonische Philosophie eingeflossen sind.

Transformation im Christentum

Viele Riten des Mithraskults, wie die Feier des 25. Dezembers als Geburtstag (das Datum, an dem auch der Geburtstag Christi gefeiert wird), Wunder und das Motiv der Erlösung durch ein Opfer, hatten erheblichen Einfluss auf die frühe christliche Religion. Tatsächlich standen das frühe Christentum und der Mithraskult oft in Konkurrenz zueinander, und nach der Etablierung des Christentums als offizielle Religion im Römischen Reich sind viele gemeinsame Merkmale beider Religionen in späteren Zeiten sichtbar geworden. Einige Forscher sind daher der Ansicht, dass wesentliche Elemente des Christentums indirekt vom Mithraskult inspiriert wurden.

Der Niedergang des Mithraskults

Der Mithraskult, der im antiken Rom anfänglich große Popularität erlangte, geriet allmählich unter den Einfluss des Christentums. Mit der offiziellen Anerkennung des Christentums als Staatsreligion im Jahr 325 n. Chr. durch Konstantin wurde der Mithraskult zunehmend marginalisiert. Dennoch blieben in einigen nachfolgenden Gesellschaften – insbesondere in der islamischen Welt – Spuren dieses Kultes erhalten.

Das Erbe des Mithraskults

Obwohl der Mithraskult als lebendige Religion in der modernen Zeit nicht mehr existiert, haben viele seiner Symbole, Ideen und Riten in unterschiedlichen Kulturen – unter anderem in der Philosophie und in religiösen Ritualen – überdauert. Einige der zentralen Konzepte dieser Religion, wie der Sieg des Lichts über die Dunkelheit, das Leben nach dem Tod und die Erlösung durch heilende Gottheiten, finden sich in anderen Glaubensrichtungen und in modernen philosophischen Systemen, insbesondere im Christentum, weiter.

Auswirkungen des Mithraskults auf das philosophische Denken

Der Mithraskult wirkte nicht nur im religiösen, sondern auch im philosophischen Bereich nachhaltig:

1. Verbindung von Ethik und Metaphysik

Der Mithraskult betont den ewigen Kampf zwischen Gut und Böse und vermittelt so ein spezielles metaphysisches Weltverständnis, das großen Einfluss auf spätere ethische Philosophien hatte. In diesem Kult wird der Mensch als ein Wesen mit freiem Willen betrachtet, das durch seine Entscheidungen im kosmischen Kampf aktiv die Entwicklung oder den Niedergang der Welt mitbestimmen kann. Diese Konzepte finden sich in den ethischen Philosophien des antiken Griechenlands und Roms, besonders in den Lehren Platons und Aristoteles, und später auch im christlichen Denken wieder.

• Kampf zwischen Gut und Böse:

Im Mithraskult – wie in anderen philosophischen Systemen – wird das Universum als ein Schauplatz dargestellt, auf dem die Kräfte des Guten (Licht) und des Bösen (Dunkelheit) miteinander ringen. Dieser Konflikt ermöglicht es dem Menschen, durch seine ethischen Entscheidungen im Leben dem Licht und der Wahrheit näherzukommen. Diese Sichtweise prägte die späteren ethischen Philosophien und religiösen Lehren, etwa im Christentum und sogar in modernen ethischen Konzepten.

• Ethische Verantwortung des Menschen:

Die Lehren des Mithraskults rufen den Menschen zu einer ethischen Verantwortung gegenüber der Welt und seinen Mitmenschen auf. Der starke Fokus auf individuelle Verantwortung im Angesicht des Kampfes zwischen Gut und Böse fand breite Anwendung in der islamischen und christlichen Ethik.

2. Kosmische Perspektive auf Zeit und Raum

Eine der zentralen Eigenschaften der mithraskultischen Philosophie ist der kosmische Blick auf Zeit und Raum. Dieser Kult versteht das Universum als ein dynamisches, sich entwickelndes System, in dem alle Wesen sich im Zuge einer spirituellen Evolution fortbewegen.

• Zeit und kosmische Entwicklung:

Der Mithraskult sieht die Zeit als einen evolutionären Prozess, in dem der Mensch und alle anderen Wesen durch ihre Entscheidungen aktiv den Fortschritt oder Rückschritt des Kosmos beeinflussen können. Dieses Weltbild betont den Begriff des freien Willens und verleiht den Menschen die Kraft, nicht nur ihr Schicksal, sondern das ganze Universum zu verändern.

• Einfluss auf die Geschichtsphilosophie:

Der mithraskultische Blick auf Zeit und kosmische Transformation beeinflusste auch das philosophische Geschichtsverständnis. Das Konzept des kosmischen Fortschritts und der grundlegenden Veränderungen in der Welt findet Parallelen zu Fortschrittsideen in den Werken von Philosophen wie Hegel oder Marx.

3. Einfluss auf die Mystik

Durch seine symbolischen und spirituellen Lehren übte der Mithraskult großen Einfluss auf verschiedene mystische Strömungen aus, insbesondere auf die iranische und islamische Mystik. Viele seiner Symbole und Konzepte – etwa Licht, Sonne und die Wiedergeburt aus der Höhle – spiegeln sich in späteren mystischen Lehren wider.

• Licht und spirituelle Inspiration:

In der islamischen Mystik und in einigen iranischen mystischen Schulen wird Licht als Symbol der Wahrheit und der göttlichen Offenbarung verwendet. Diese Konzepte, die ihre Wurzeln im Mithraskult haben, finden sich in den mystischen Lehren von Denkern wie Suhrawardi und in der Poesie von Molana wieder.

• Spirituelle Erfahrung in der Höhle:

So wie im Mithraskult religiöse und mystische Zeremonien oft in Höhlen abgehalten wurden, gilt in der islamischen Mystik die Höhle als heiliger Ort und Symbol für die Einsamkeit der Seele auf der Suche nach göttlicher Wahrheit. Dieses Bild taucht in zahlreichen mystischen Erzählungen und Gedichten, etwa in den Erzählungen Suhrawardis und den Versen Molanas, auf.

• Spirituelle Schritte und geistiges Wachstum:

Die komplexen, stufenweisen Riten des Mithraskults, bei denen die Anhänger verschiedene Stufen spirituellen Wachstums durchlaufen mussten, weisen Ähnlichkeiten mit vielen islamisch-irischen mystischen Traditionen auf. Diese Lehren betonen, dass der Mensch verschiedene spirituelle Ebenen überwinden muss, um in die Einheit mit dem göttlichen Licht zu gelangen.

Die Bedeutung von Licht und Sonne im Mithraskult

Licht und Sonne hatten im Mithraskult eine zentrale und symbolträchtige Stellung und standen in enger Verbindung zu Mithra, dem Gott des Bundes und des Lichts. Diese Symbolik spiegelte das alte iranische Verständnis von kosmischer Ordnung, menschlicher Ethik und der spirituellen Beziehung zwischen der materiellen und der transzendenten Welt wider.

1. Licht als Symbol der Wahrheit

• Verbindung von Licht und Wahrheit:

Im Mithraskult verkörperte Licht die Erleuchtung des Geistes und die Offenbarung der Wahrheit. So wie die Sonne die Dunkelheit vertreibt, beseitigt Mithra als Gott des Lichts die Dunkelheit von Unwissenheit und Bösem.

• Enthüllung von Lügen:

Mithra, als Gott des Bundes, nutzte das Licht als Mittel, um die Wahrheit offenzulegen und Lügen zu entlarven. Dieses Licht hatte sowohl eine symbolische als auch eine reale Bedeutung, da es Transparenz und Ehrlichkeit im menschlichen Handeln förderte.

2. Die Sonne – Quelle des Lebens und der Gerechtigkeit

• Die Sonne als Erscheinungsform von Mithra:

In vielen Riten wurde Mithra auch als Sonnengott verehrt. Er wurde als die Kraft angesehen, die die Sonne in Bewegung setzt und so dem Universum Leben schenkt. Mit ihrem täglichen Aufgang etabliert die Sonne den Kreislauf des Lebens und die kosmische Ordnung.

• Die Rolle der Sonne als Gerechtigkeitsbringer:

Die Sonne, als Symbol der Gerechtigkeit Mithras, strahlte gleichmäßig über die ganze Welt und zeigte so die Unparteilichkeit und Fürsorge des Gottes, unabhängig von gesellschaftlichen Positionen.

3. Licht als spirituelle Kraft

• Sieg des Lichts über die Dunkelheit:

Der Kampf zwischen Licht und Dunkelheit ist ein zentrales Thema im Mithraskult. In diesem Kampf steht das Licht für das Gute, die Weisheit und das Leben, während Dunkelheit für das Böse, die Unwissenheit und den Tod steht. Der endgültige Sieg des Lichts über die Dunkelheit wird als das Hauptziel des Universums im Mithraskult verstanden.

• Spirituelle Führung:

Die Anhänger Mithras betrachteten das Licht als ihren spirituellen Führer. Der Eintritt in die meist dunklen und unterirdischen Mithräen, in denen allmählich Licht in den Raum drang, symbolisierte die Wiedergeburt der Seele und ihre Führung hin zur Wahrheit.

Diese vielfältigen Einflüsse des Mithraskults auf das philosophische Denken zeigen, wie tief verwurzelt die Symbole von Licht, Sonne und der moralische Kampf zwischen Gut und Böse in der Entwicklung westlicher und östlicher Geisteswelten sind.

4. Die Sonne und der Lebenszyklus

• Verbindung zur Natur und Landwirtschaft:

In der mithraskultischen Religion symbolisierten die Sonne und ihr Licht Fruchtbarkeit und Wachstum. Mithra, als Unterstützer der Landwirtschaft, gewährleistete, dass die Sonne in geordneter Weise die Erde erwärmt und sie für den Anbau vorbereitet.

• Sonnenfeste:

Eines der wichtigsten Feste im Mithraskult war das Fest zur Wintersonnenwende, bei dem die Rückkehr der Sonne und die längeren Tage gefeiert wurden. Dieses Fest beeinflusste später auch andere Kulturen, beispielsweise das Weihnachtsfest.

5. Licht, Treue und Bund

• Mithra, der Gott der Bünde:

Das Licht als Erscheinungsform Mithras symbolisierte Treue und Vertrauen. So wie das Sonnenlicht beständig scheint und der kosmischen Ordnung treu bleibt, sollten auch die Menschen ihren Versprechen und Gelübden treu bleiben.

• Bünde unter der Sonne:

Im Mithraskult wurden Bünde und Schwüre oft im Freien und unter dem Sonnenlicht geleistet, da das Sonnenlicht als Zeuge der Wahrheit galt und somit als Garantie für die Treue zu diesen Bünden diente.

6. Philosophische und spirituelle Einflüsse von Licht und Sonne

• Licht als göttliche Kraft:

Im Mithraskult stellte das Licht den Geist der ewigen (menoi) Welt dar, der eine Verbindung zwischen den Menschen und den Göttern herstellte.

• Inspiration in der philosophischen Denkweise:

In späteren Epochen hatte das mithraskultische Lichtkonzept einen tiefgreifenden Einfluss auf die iranische und islamische Mystik. So wurde Licht in den Lehren von Suhrawardi und in der Philosophie der Erleuchtung als Wesenheit der Wahrheit und des Seins diskutiert.

7. Reflexion in Kunst und Symbolen

• Darstellung der Sonne in Tempeln:

Mithraskulte wurden oft mit prägnanten Darstellungen der Sonne und Mithras geschmückt. Diese Symbole betonten die zentrale Rolle von Licht und Sonne im Mithraskult.

• Lichthoros in Darstellungen von Mithras:

In zahlreichen Kunstwerken wird Mithras von einem Heiligenschein aus Licht umgeben gezeigt, der ihn als Verkörperung der Wahrheit und als Gott des Lichts präsentiert.

Die Geheimniskrämerei im Mithraskult

Einer der herausragenden und unterscheidenden Aspekte des Mithraskults war seine Geheimniskrämerei. Diese Religion, als ein spirituelles und mystisches System, war nur einer ausgewählten Gruppe von Anhängern zugänglich und verständlich.

Die Geheimniskrämerei im Mithraskult manifestierte sich in der Struktur der Rituale, Zeremonien und Lehren. Die Anhänger mussten verschiedene Stufen durchlaufen, um zur Wahrheit und zum höheren Licht zu gelangen – ein Weg, der reich an Symbolen und Geheimnissen war.

Die geheimnisvolle Natur des Mithraskults

A. Ein exklusives spirituelles System

• Ein System für die Elite:

Der Mithraskult war nicht allgemein zugänglich. Nur diejenigen, die spirituell und moralisch qualifiziert waren, durften diesem System beitreten.

• Verbindung zu den Geheimnissen der Natur und des Kosmos:

Die Geheimniskrämerei des Mithraskults beruhte auf dem Glauben, dass Natur und Kosmos tiefgehende Geheimnisse enthalten, die nur durch spirituelle Erkenntnis erfasst werden können.

B. Geheime Lehren

• Hierarchische Vermittlung:

Die Lehren des Mithraskults wurden nicht allen direkt offenbart, sondern auf unterschiedlichen Bewusstseinsebenen vermittelt. Nur diejenigen, die auf ihrem spirituellen Weg fortschritten, erhielten Zugang zu den höheren Lehren.

• Kodierte und symbolische Botschaften:

Viele Konzepte des Mithraskults wurden durch komplexe Symbole und Bilder übertragen. Diese Symbole – wie das Opfern eines Rinds, die Sonne oder die Höhle – dienten als Metaphern für spirituelle Geheimnisse.

Zeremonien und mystische Rituale

A. Initiationsrituale

• Schwur der Stille:

Neue Anhänger mussten einen Eid ablegen, das Geheimnis der Religion nicht preiszugeben. Dieser Eid bildete die Grundlage für die Geheimniskrämerei des Kults.

• Eröffnungszeremonie:

Der Eintritt in den Kult begann mit einer Zeremonie, in der der Neumitglied symbolisch in das Licht geführt wurde. Diese Zeremonie beinhaltete den Übergang von Dunkelheit zu Helligkeit und symbolisierte die Wiedergeburt der Seele.

B. Die siebenstufige Initiation

• Sieben Bewusstseinsebenen:

Die Anhänger des Mithraskults mussten sieben spirituelle Stufen durchlaufen, von denen jede mit einem spezifischen Symbol und einer spirituellen Lehre verbunden war. Diese Stufen waren:

1. Die Krähe: Symbol für den Beginn der spirituellen Reise und die Vorbereitung auf die Erkenntnis der Wahrheit.

2. Die Löwin als Gemahlin: Symbolisiert Mut und Stärke im Angesicht der Dunkelheit.

3. Der Soldat: Kennzeichnet den Eintritt in den Kampf zwischen Gut und Böse.

4. Der Löwe: Symbolisiert die Herrschaft über das Selbst und die Vernunft.

5. Der Perser: Eine Stufe der Verpflichtung zu Ordnung und Gerechtigkeit.

6. Die Sonne-Weise: Symbolisiert das Erreichen von Wissen und Weisheit.

7. Der Vater: Die höchste Stufe, die denjenigen repräsentiert, der das endgültige Licht und die Wahrheit erreicht hat.

C. Höhlen und unterirdische Tempel

• Heiliger Raum:

Die rituellen Zeremonien wurden in Höhlen oder unterirdischen Tempeln abgehalten. Diese dunklen Räume symbolisierten den Schoß des Kosmos und den Beginn der spirituellen Reise.

• Schrittweise Erleuchtung:

Am Ende jeder Zeremonie erstrahlten die Höhlen symbolisch im Licht der Sonne, was den Triumph des Lichts über die Dunkelheit anzeigte.

Die Rolle von Symbolen in der Geheimniskrämerei des Mithraskults

A. Das Symbol des Rinds und des Opfers

• Manifestation von Leben und Erneuerung:

Das Opfern eines Rinds durch Mithra war ein Symbol für die Erneuerung des Lebens und die Fruchtbarkeit der Welt. Dieses Symbol fand in der Kunst und den Ritualen des Mithraskults breite Verwendung und vermittelte eine tiefgreifende Botschaft über die Beziehung zwischen Mensch und Natur.

B. Sonne und Licht

• Das Geheimnis der Wahrheit und Erleuchtung:

Das Sonnenlicht diente als Symbol für spirituelle Führung und das Erreichen höherer Erkenntnis. Die Anhänger des Mithraskults sollten symbolisch von der Dunkelheit der Unwissenheit in das Licht des Wissens übergehen.

C. Die Höhle

• Ort der Geheimnisse:

Die Höhle, als Schauplatz der rituellen Zeremonien, symbolisierte den inneren Kern der Erde und die Verbindung des Menschen zu den transzendenten Kräften. Der Eintritt in die Höhle und das Verlassen derselben symbolisierten eine innere Reise zur Selbsterkenntnis und zur Entdeckung der Wahrheit.

Spirituelle Ziele der Geheimniskrämerei

A. Erreichen eines höheren Bewusstseins

• Der Übergang von Dunkelheit zu Licht:

Ziel des Mithraskults war es, die Anhänger von der Dunkelheit der Unwissenheit in das Licht des Wissens und der Wahrheit zu führen. Diese spirituelle Reise war ein allmählicher und tiefgreifender Prozess des seelischen Wachstums und der Selbsterkenntnis.

• Die Wiedergeburt der Seele:

Die rituellen und spirituellen Stufen im Mithraskult symbolisierten die Wiederherstellung und Erneuerung der Seele. Durch das Durchlaufen dieser Phasen erlangten die Anhänger ein tieferes Verständnis ihrer selbst und der Welt.

B. Vereinigung mit den transzendenten Kräften

• Harmonie mit dem Licht:

Durch die Teilnahme an den Ritualen passten sich die Anhänger den Kräften des Lichts und der Gerechtigkeit an und spielten eine aktive Rolle im kosmischen Kampf zwischen Gut und Böse.

C. Stärkung ethischer Tugenden

• Moralische Ausbildung:

Die Geheimniskrämerei des Mithraskults diente nicht nur dem Erwerb verborgenen Wissens, sondern auch der moralischen Erziehung und der Stärkung der Verantwortung der Anhänger.

Die Auswirkungen der Geheimniskrämerei auf andere Religionen

A. Einfluss im römischen und westlichen Raum

• Spirituelle Geheimnisse im Christentum:

Der Mithraskult hatte einen erheblichen Einfluss auf die Entwicklung von Konzepten wie Geheimlehre, spirituellen Initiationsstufen und der Heiligkeit des Lichts im frühen Christentum.

• Feste und Symbole:

Viele Feste und Symbole des Mithraskults, wie die Wintersonnenwende, wurden später in westlichen Religionen übernommen.

B. Einfluss auf die iranische und islamische Mystik

• Verbindung zur Mystik:

Die geheimnisvolle Struktur des Mithraskults fand auch in der iranischen Mystik und der islamischen Philosophie – insbesondere in den Werken von Suhrawardi und in der Lehre der Erleuchtung – ihre Resonanz.

Die Geheimniskrämerei des Mithraskults war ein zentrales Merkmal, das diesem System seine einzigartige Identität verlieh. Sie manifestierte sich in den

Ritualen, Lehren, Symbolen und der spirituellen Struktur des Kults und zielte darauf ab, spirituelles und moralisches Wachstum sowie das Erreichen der ultimativen Wahrheit zu fördern. Diese Eigenschaften leiteten nicht nur die Anhänger auf ihrem spirituellen Weg, sondern hinterließen auch tiefgreifende Einflüsse auf nachfolgende Religionen und philosophische Systeme.

• Das Konzept der universellen Verbindung:

Dieser Kult betonte die Harmonie des Menschen mit der Natur und dem Kosmos.

Die kosmische Verbindung im Mithraskult

Der Mithraskult betonte die Harmonie und die Verbindung des Menschen mit der Natur und dem Kosmos. Diese Verbindung war ein zentraler Bestandteil seiner philosophischen und spirituellen Lehren. Im Mithraskult war der Mensch nicht nur ein Teil der materiellen Welt, sondern auch Teil eines größeren kosmischen Systems, in dem alles miteinander verbunden war. Diese Weltsicht, die das Universum als harmonische Einheit betrachtete, unterstrich die besondere Rolle des Menschen innerhalb der kosmischen Ordnung.

Die Harmonie des Menschen mit Natur und Kosmos

a. Der Mensch als Teil des Kosmos

• Die Einheit von Mensch und Kosmos: Im Mithraskult galt der Mensch als heiliges Wesen, das spirituell mit der Natur und dem Kosmos verbunden war. Diese Verbindung spiegelte eine größere, göttliche Ordnung wider, in der die Menschen im Einklang mit den natürlichen und kosmischen Kräften handeln sollten.

• Wechselwirkung zwischen Mensch und Natur: Diese Lehren forderten den Menschen dazu auf, die Natur zu schützen und sich mit ihr verbunden zu fühlen. Nach den Lehren des Mithraskults hatte jede Handlung des Menschen eine direkte Wirkung auf die kosmische und natürliche Ordnung, weshalb der

Mensch verantwortungsvoll handeln und zur Erhaltung dieser Harmonie beitragen sollte.

b. Das Konzept von Asha oder der kosmischen Ordnung

• Natürliche und kosmische Ordnung: Wie auch im Zoroastrismus spielte das Konzept von „Asha" (kosmische Ordnung) eine zentrale Rolle im Mithraskult. Mensch, Natur und himmlische Kräfte sollten alle im Einklang mit dieser Ordnung handeln.

c. Die Verantwortung des Menschen in dieser Verbindung

• Bewahrung der Balance: Die Menschen im Mithraskult trugen nicht nur eine spirituelle Verbindung zur Natur, sondern auch die Verantwortung, deren Gleichgewicht zu bewahren. Ziel des Mithraskults war es, den Menschen zu einer ethischen und spirituellen Erkenntnis seiner Rolle in dieser kosmischen Verbindung zu führen.

Der Einfluss des Mithraskults auf die Mystik und Philosophie des Westens

a. Einfluss auf die Neuplatoniker

• Gemeinsame Konzepte mit der neuplatonischen Philosophie: Der Mithraskult hatte erheblichen Einfluss auf westliche philosophische Strömungen, insbesondere auf die Neuplatoniker. Diese waren stark von Konzepten wie „Licht", „ewiges Sein" und der „Verbindung des Menschen mit dem Kosmos" inspiriert. So wie das Licht im Mithraskult als Symbol für Wahrheit und Erkenntnis galt, wurde es auch in der neuplatonischen Philosophie als Ursprung und Essenz allen Seins verstanden.

• Vorstellung von Erkenntnisstufen: Die Neuplatoniker glaubten, dass der Mensch durch Denken und Kontemplation höhere Erkenntnisstufen erreichen und zur Wahrheit gelangen könne – eine Parallele zu den rituellen Einweihungsstufen im Mithraskult.

b. Verbindung zur iranischen und islamischen Mystik

• Ähnliche Lehren in der iranischen Mystik: Die Lehren des Mithraskults hinterließen auch direkte Spuren in der iranischen Mystik, insbesondere in späteren Epochen, als diese Lehren mit der islamischen Philosophie verschmolzen. In der iranischen Mystik, etwa bei Sohrawardi und der Philosophie der Erleuchtung (Hikmat al-Ishraq), zeigt sich die Nähe zu den mithraischen Vorstellungen von Licht und Wahrheit.

• Kosmologie und islamische Mystik: Auch in der islamischen Philosophie und Mystik finden sich ähnliche Konzepte, etwa bei Rumi oder Schabestari, die ebenfalls den Aufstieg der Seele zum göttlichen Licht und die Verbindung des Menschen mit der höheren Wahrheit betonen – Vorstellungen, die stark an die Lehren des Mithraskults erinnern.

c. Einfluss auf weitere westliche Philosophien

• Platon und spirituelle Konzepte: Platon, dessen Werke viele spirituelle und kosmologische Themen behandeln, betonte ebenfalls die Notwendigkeit, dass der Mensch durch spirituelle Suche und innere Reinigung zur Wahrheit und Tugend gelangt. Diese Betonung der spirituellen Reise zeigt große Parallelen zu den Lehren des Mithraskults, der den Menschen auf die Suche nach Licht und Wahrheit führte.

Fazit

Der Mithraskult betonte die kosmische Verbindung des Menschen mit der Natur und dem Universum und betrachtete den Menschen als Teil eines größeren, spirituellen Systems. Diese Lehren, die die Bewahrung der kosmischen Ordnung und die ethische Verantwortung des Menschen betonten, beeinflussten viele philosophische und mystische Traditionen – insbesondere die Neuplatoniker und verschiedene Strömungen der islamischen und iranischen Mystik. Die kosmische Verbindung forderte den Menschen auf, nach Licht, Wahrheit und spirituellem Wachstum zu suchen – eine Botschaft, deren Wirkung in den späteren Philosophien und Mystiken weiterhin spürbar blieb.

Die Philosophie des Mani und die manichäische Schule

Mani (216-274 n. Chr.) war ein persischer Prophet und Denker, der eine einzigartige Religion und Philosophie in die Welt brachte. Die Religion des Manichäismus, bekannt als die manichäische Schule, war eine synkretistische Lehre, die zoroastrische, christliche und gnostische Elemente miteinander verband. Diese Lehre betonte dualistische Konzepte wie Gut und Böse, Licht und Dunkelheit sowie Geist und Materie. Der Manichäismus hatte einen erheblichen Einfluss auf verschiedene Kulturen und Religionen, darunter das Christentum, den Islam und die Kulturen Zentralasiens.

Mani, der im südlichen Iran geboren wurde, betrachtete sich selbst als Propheten und letzten Nachfolger der früheren Propheten wie Zarathustra, Buddha und Jesus. Er glaubte, dass die Botschaften dieser Propheten im Grunde alle dasselbe Ziel verfolgten: die Befreiung der Seele aus der materiellen Welt und ihre Rückkehr ins Reich des Lichts. Die Manichäer waren zudem überzeugt, dass die Lehren dieser Propheten im Laufe der Zeit verfälscht wurden, und Mani sah seine Aufgabe darin, diese Botschaften wieder in ihre ursprüngliche Form zurückzuführen und eine universale Religion zu schaffen.

Die manichäische Schule, mit ihrer Betonung des Dualismus von Gut und Böse, Licht und Dunkelheit, sowie ihrer speziellen kosmologischen Philosophie, war eine bedeutende und einflussreiche philosophische Strömung in der Geschichte des menschlichen Denkens. Diese Lehren beeinflussten nicht nur das Christentum und den Islam, sondern verschmolzen auch mit anderen philosophischen und religiösen Ideen, wie dem Gnostizismus, und wurden so zu einem wichtigen Bestandteil der Philosophie- und Religionsgeschichte Irans und der Welt.

Dualismus von Licht und Dunkelheit in der manichäischen Philosophie

Der Dualismus von Licht und Dunkelheit ist eines der zentralen Konzepte der manichäischen Lehre. Er basiert auf dem fundamentalen Gegensatz zweier vollständig gegensätzlicher Kräfte. Dieser Dualismus prägt alle kosmologischen, ethischen und menschlichen Aspekte der Lehre und sieht das menschliche Leben als ständigen Kampf zwischen diesen beiden Kräften.

Die Bedeutung von Licht und Dunkelheit im Manichäismus

• Licht: In der manichäischen Philosophie symbolisiert Licht das Gute, die Wahrheit, den Geist und die himmlische Welt. Licht steht für das geistige und göttliche Prinzip, das von Gott oder der Welt des Lichts und des Geistes ausgeht. Licht wird nicht nur als physische Kraft betrachtet, sondern auch als spirituelle und moralische Macht. Licht bedeutet Freiheit, Erkenntnis und moralische Tugend, die der Mensch erlangen soll.

• Dunkelheit: Die Dunkelheit repräsentiert das Böse, die Korruption und die Materie. Diese Kraft ist der Gegenpol zum Licht und vereint alle negativen und verderbten Eigenschaften in sich. Dunkelheit steht für alles, was der Seele schadet – wie Sünde, Laster und die Verbindung zur materiellen Welt. Dunkelheit bedeutet Unwissenheit, Unbewusstheit und die Knechtschaft gegenüber materiellen Begierden, die die Seele von der Wahrheit und der Vollkommenheit abhalten.

Die dualistische Kosmologie

In der manichäischen Kosmologie bestand die Welt von Anfang an aus zwei Reichen, in denen Licht und Dunkelheit sich in einem ewigen Kampf befanden. Dieser Dualismus teilt die Welt klar und deutlich in zwei gegensätzliche Bereiche. Zunächst befand sich das Licht an seinem eigenen Ort und die Dunkelheit in einer abgelegenen Ecke. Doch ein kosmisches Ereignis oder eine Kollision zwischen diesen beiden Kräften führte zur Entstehung der materiellen Welt und ihrer Wesen.

Dieser Zusammenstoß von Licht und Dunkelheit war der eigentliche Beginn des Kampfes zwischen diesen beiden gegensätzlichen Kräften. Nach diesem

Ereignis wurden die reinen Seelen und Geister, die das Licht repräsentierten, vorübergehend in die materielle Welt eingeschlossen. Dies führte zu einem dauerhaften Kampf zwischen Gut und Böse innerhalb der Menschen und auf globaler Ebene. Menschen stehen in dieser Welt zwischen diesen beiden Kräften und müssen entscheiden, welchem von beiden sie folgen wollen.

Die Aufgabe des Menschen in der manichäischen Lehre

Eine der zentralen Lehren des Manichäismus ist, dass die Menschen aktiv an diesem kosmischen Kampf teilnehmen müssen. Die Aufgabe des Menschen besteht darin, mithilfe von Vernunft und freiem Willen das Licht von der Dunkelheit zu trennen und nach Befreiung aus der materiellen Welt zu streben. Diese Trennung und Befreiung bedeutet die Erlösung der Seele aus den Fesseln der Körperlichkeit.

a) Die Wahl zwischen Licht und Dunkelheit

Die Menschen stehen ständig vor der Wahl, sich für eine der beiden Kräfte zu entscheiden. Sie können sich nach moralischen und spirituellen Prinzipien dem Licht zuwenden oder dem Weg der Dunkelheit und Korruption folgen. Diese Entscheidungen beeinflussen nicht nur ihr individuelles Schicksal, sondern auch das Schicksal der gesamten Welt und des Kosmos.

b) Die Befreiung der Seele aus der Dunkelheit

Nach manichäischer Auffassung besteht das Lebensziel darin, die Seele aus der materiellen Welt und der Dunkelheit zu befreien. Um dieses Ziel zu erreichen, sollen die Menschen in sich selbst nach spiritueller Vollkommenheit und Licht suchen. Sie sollen weltlichen Versuchungen widerstehen und sich von materiellen Begierden lösen, damit ihre Seele ins Reich des Lichts und der Wahrheit zurückkehren kann. Auf diesem Weg sind spirituelle Übungen, Meditation, Vermeidung von Sünden und die Befolgung spezieller ethischer Regeln notwendig.

Die Verbindung des Dualismus mit der Ethik

Der Dualismus von Licht und Dunkelheit hat nicht nur eine kosmologische und philosophische Dimension, sondern beeinflusst direkt die Ethik und das Verhalten der Menschen. Die Anhänger dieser Lehre stehen vor der Herausforderung, welche Seite ihres Wesens sie aktivieren und welcher Kraft sie in ihrem Leben folgen wollen.

a) Licht und Gerechtigkeit

Licht steht im Manichäismus für Gerechtigkeit, Wahrhaftigkeit und Wahrheit. Die Anhänger der Lehre sollen sich ständig bemühen, Gerechtigkeit im persönlichen und gesellschaftlichen Leben zu praktizieren. Der Weg des Lichts ist stets mit guten Taten, Wahrhaftigkeit und dem Streben nach Frieden und Liebe verbunden.

b) Dunkelheit und Korruption

Dunkelheit steht für alle negativen, unmoralischen und korrupten Verhaltensweisen. Lügen, Sünden, Betrug, moralische Verderbtheit und die Bindung an weltliche Genüsse gehören zur Welt der Dunkelheit. Der Mensch soll sich von diesen negativen Eigenschaften fernhalten und sich aktiv bemühen, sich von Dunkelheit und Korruption zu lösen.

Einfluss des Dualismus auf die Philosophie- und Religionsgeschichte

Dieses dualistische Konzept von Licht und Dunkelheit hatte erheblichen Einfluss auf andere Philosophien und Religionen, insbesondere in den Bereichen Ethik, Kosmologie und Metaphysik. In der christlichen Gnosis finden sich ähnliche Vorstellungen von Gut und Böse, Licht und Dunkelheit, die direkt vom Manichäismus beeinflusst wurden. Auch in islamischen und mystischen Traditionen lassen sich vergleichbare Ideen vom Kampf zwischen Gut und Böse, Licht und Dunkelheit erkennen.

Der Dualismus von Licht und Dunkelheit im Manichäismus ist nicht nur ein kosmisches und metaphysisches Element, sondern auch ein ethisches und individuelles Konzept. Er betont die Verantwortung des Menschen, sich zwischen Gut und Böse, Licht und Dunkelheit zu entscheiden, und strebt die Befreiung aus der materiellen Welt sowie die Rückkehr ins Reich des Lichts an.

Die manichäische Kosmologie besteht aus zwei Hauptbereichen:

- **Welt des Lichts**: In diesem Bereich leben reine und wahrheitssuchende Seelen. Diese Welt repräsentiert das immaterielle und göttliche Reich, in dem es keinerlei Böses oder Verderbnis gibt.

- **Welt der Materie**: Dieser Teil der Welt, in dem Menschen und materielle Wesen vorübergehend existieren, steht unter dem Einfluss der Dunkelheit. Die materielle Welt ist in dieser Sichtweise ein Ort, an den Seelen vorübergehend kommen und aus dem sie sich befreien müssen.

Die Natur des Menschen in der manichäischen Kosmologie

In der manichäischen Philosophie besitzen Menschen von Natur aus lichtvolle Seelen, die vorübergehend in einem materiellen Körper gefangen sind. Tatsächlich wird die menschliche Existenz als Zusammenstoß zweier gegensätzlicher Kräfte (Licht und Dunkelheit) betrachtet. Für Mani stellt dieser Zusammenstoß eine ethische Herausforderung dar, mit der sich Menschen im Laufe ihres Lebens auseinandersetzen müssen.

- **Seele**: Die menschliche Seele, die ursprünglich aus der Welt des Lichts stammt, kann nur durch Befreiung von Dunkelheit und materiellen Sünden zu ihrem ursprünglichen Platz zurückkehren. Die menschliche Seele muss durch Erkenntnis der Wahrheit, Reinigung und das Befolgen lichtvoller Prinzipien ihr endgültiges Ziel, die Befreiung, erreichen.

- **Körper**: In der manichäischen Sichtweise ist der menschliche Körper lediglich ein Gefängnis für die Seele und aufgrund seiner Zugehörigkeit zur materiellen Welt voller Verderbnis und Unreinheit. Der Körper der Menschen, als Vertreter von Dunkelheit und Korruption, kann Vollkommenheit und Wahrheit nicht vollständig widerspiegeln. Aus diesem Grund misstrauten viele Manichäer der materiellen Welt und legten großen Wert auf die Stärkung des spirituellen Lebens.

Die manichäische Kosmologie, die auf der Dualität von Licht und Dunkelheit basiert, zeigt einen ständigen Kampf zwischen zwei gegensätzlichen Kräften im Kosmos. Diese Sichtweise behandelt nicht nur die ethische Philosophie der Menschen und ihre Lebensweise umfassend, sondern gibt den Menschen auch die Aufgabe, zwischen diesen beiden Kräften zu wählen und sich auf den Weg der Befreiung aus der materiellen Welt hin zur Welt des Lichts und der Wahrheit zu begeben. In diesem System ist das ultimative Ziel die Rückkehr der Seele in die Welt des Lichts und die Befreiung aus den Fesseln der Dunkelheit.

Künstlerische und philosophische Werke

Mani ist nicht nur als Prophet und Gründer der manichäischen Lehre bekannt, sondern spielte auch eine bedeutende Rolle in der Kunstgeschichte. Als Künstler und Denker präsentierte er seine philosophischen und religiösen Lehren in Form vielfältiger künstlerischer und textlicher Werke. Diese Werke und Gedanken hatten nicht nur zu seinen Lebzeiten, sondern auch in späteren Epochen, insbesondere in der islamischen Zeit und in der erleuchteten Philosophie Suhrawardis, tiefgreifende Einflüsse.

Kunst und Philosophie im manichäischen Denken

Manis künstlerische Werke dienten als Mittel zur Vermittlung seiner philosophischen und religiösen Lehren. Mani glaubte, dass Kunst eine universelle Sprache sein könnte, durch die Menschen spirituelle und kosmische Wahrheiten verstehen können. Er nutzte Kunst nicht nur als Werkzeug zur Lehre, sondern auch als Mittel zur direkten Erfahrung von Wahrheit und Licht.

- **Philosophische Bildsprache**: Mani stellte komplexe philosophische Konzepte wie die Dualität von Licht und Dunkelheit durch Malerei und Bildsprache dar. In diesen Werken wurde Licht als Symbol für das Gute und die Wahrheit und Dunkelheit als Symbol für das Böse und die Korruption dargestellt.

- **Visuelle Rituale**: Seine künstlerischen Werke, oft mit religiösen und rituellen Themen, zeigten Geschichten und Ereignisse seiner religiösen

Lehren. Diese Bilder sind in Wandmalereien und Gemälden der manichäischen Schule zu sehen, in denen Menschen, Seelen und Gottheiten symbolisch und anschaulich dargestellt wurden.

Die künstlerischen Werke Manis wurden hauptsächlich auf der Grundlage seiner philosophischen und religiösen Lehren gestaltet und hatten das Ziel, seine Anhänger durch visuelle Beobachtung und Erfahrung zu unterrichten. Zu seinen herausragenden Werken zählen:

- **Gemälde und Wandmalereien**: Mani stellte viele seiner Lehren durch Wandmalereien dar. Diese Werke befanden sich in manichäischen Tempeln und religiösen Stätten.

- **Bücher und Schriften**: Mani verfasste auch zahlreiche schriftliche Werke, in denen er seine philosophischen und religiösen Gedanken erläuterte. Diese Bücher enthielten Texte über die Dualität von Licht und Dunkelheit, die Befreiung der Seele aus der Materie und eine tugendhafte Ethik. Diese künstlerischen und schriftlichen Werke machten die manichäische Lehre unter ihren Anhängern nicht nur religiös, sondern auch kulturell und künstlerisch einflussreich.

Einflüsse Manis auf spätere Religionen und Philosophien

Mani und der Manichäismus hatten philosophisch und künstlerisch Einfluss auf viele spätere Schulen und Religionen. In späteren Epochen drangen manichäische Lehren in zahlreiche Philosophien und Glaubensrichtungen ein.

- **Erleuchtungsphilosophie Suhrawardis**: Einer der bedeutendsten Einflüsse Manis in der islamischen Zeit war die Erleuchtungsphilosophie Suhrawardis. Suhrawardi, der in seinen Werken Licht und die Erkenntnis der Wahrheit betonte, bediente sich ähnlicher Konzepte wie sie im Manichäismus existierten. Dazu gehören die Bedeutung des Lichts als Symbol für Wahrheit, Güte und Bewusstsein sowie die Dunkelheit als Symbol für Verderbnis und Unwissenheit.

- **Gnostische Strömungen**: Der Manichäismus hatte erhebliche Einflüsse auf gnostische Schulen. Die Gnostiker betonten die Wichtigkeit von Wissen und spiritueller Erkenntnis, was große Ähnlichkeit mit den manichäischen Lehren aufweist. Der Glaube an die Dualität von Licht und Dunkelheit, die Befreiung aus der materiellen Welt und das Erreichen der lichtvollen Welt sind zentrale gnostische Konzepte, die den manichäischen stark ähneln.

- **Christliche Strömungen**: Der Manichäismus beeinflusste auch das frühe Christentum, insbesondere in Bezug auf die Dualität von Gut und Böse, das Leben nach dem Tod und das Konzept der Befreiung aus der Materie.

Einflüsse der künstlerischen Werke Manis im Westen und Osten

Die künstlerischen Werke Manis hatten nicht nur in der Welt der Perser, sondern auch im Westen erhebliche Auswirkungen. Diese Einflüsse zeigen sich in Philosophie, Kunst und sogar Literatur.

- **Im Westen**: In der römischen Antike und später im Mittelalter hatten manichäische Werke bedeutende Einflüsse auf neuplatonische und gnostische Philosophien. Die Gemälde und Schriften Manis, die insbesondere die Dualität von Licht und Dunkelheit darstellten, inspirierten viele westliche Denker.

- **Im Osten**: In den östlichen Ländern, einschließlich Iran und Zentralasien, galten Manis künstlerische Werke als wichtige Quelle zur Vermittlung seiner religiösen und philosophischen Lehren. Die Einflüsse dieser Werke sind in der islamischen Kunst und in der Entwicklung mystischer und erleuchteter Denkweisen offensichtlich. Manis künstlerische und philosophische Werke fungierten wie eine Brücke zwischen philosophischen und religiösen Konzepten auf der einen Seite und menschlichen sowie spirituellen Erfahrungen auf der anderen. Durch die Nutzung von Kunst als spirituelle Sprache konnte Mani komplexe Konzepte wie die Dualität von Gut und Böse, die Befreiung der Seele aus der Materie und die Suche nach Wahrheit visuell und schriftlich vermitteln. Die Einflüsse dieser Werke und Lehren auf verschiedene Zivilisationen sowie auf davon beeinflusste philosophische und religiöse Schulen sind bis heute spürbar.

Das Ende der manichäischen Philosophie

Die manichäische Religion verfiel aufgrund politischen, sozialen und religiösen Drucks weltweit, einschließlich im Römischen Reich und in Persien. Viele Anhänger dieser Religion wurden verfolgt, und ihre Ideen gerieten allmählich in den Schatten dominanter Religionen wie Christentum und Islam. Dennoch lebten die manichäischen Lehren in einigen Regionen Zentralasiens und Chinas weiter und hinterließen tiefgreifende Einflüsse auf verschiedene Religionen und Philosophien.

Kapitel Vier: Gundishapur – Von der iranischen Weisheit zur islamischen Philosophie

Die Sassanidenzeit: Blütezeit der Philosophie und Wissenschaft im Alten Iran

Die Sassanidenzeit (224–651 n. Chr.) zählt zu den glänzendsten Epochen der altiranischen Geschichte und ist bekannt für ihre kulturellen, wissenschaftlichen und philosophischen Errungenschaften. Diese Ära war nicht nur der Höhepunkt der zoroastrischen Zivilisation, sondern schuf auch eine Brücke für den Wissensaustausch zwischen den Zivilisationen des Ostens und Westens.

Durch die Gründung wissenschaftlicher Institutionen und die Förderung von Denkern und Gelehrten wurde Iran unter den Sassaniden zu einem der bedeutendsten wissenschaftlichen Zentren der Welt.

Eines der wichtigsten Symbole dieser Blütezeit war die Universität von Gundishapur, die in der Stadt Shapur in der Provinz Khuzestan gegründet wurde. Gundishapur war nicht nur ein Zentrum für medizinische und philosophische Ausbildung, sondern auch eine Schnittstelle zwischen griechischer, indischer und iranischer Wissenschaft. Diese Institution sammelte bedeutende Werke griechischer Philosophen wie Aristoteles und Platon und übersetzte sie ins Mittelpersische, wodurch das Wissen in der gesamten antiken Welt verbreitet wurde.

Philosophisch gesehen waren die Sassaniden daran interessiert, eine Verbindung zwischen den zoroastrischen Lehren, der griechischen Philosophie und den indischen Ideen herzustellen. Diese intellektuellen Austauschprozesse führten dazu, dass Themen wie Ethik, Kosmologie und Anthropologie auf eine bisher nie dagewesene Weise in die iranische Denktradition integriert wurden. Die Förderung verschiedener philosophischer und religiöser Schulen durch die sassanidischen Könige schuf einen Raum für freien Dialog zwischen unterschiedlichen Glaubensrichtungen und Denksystemen.

Diese Zeit machte Iran zu einer der fortschrittlichsten Zivilisationen seiner Epoche, deren Errungenschaften noch Jahrhunderte später die islamische Welt und sogar den Westen beeinflussten.

Philosophie in der Sassanidenzeit: Austausch zwischen Ost und West

Besonders die sassanidischen Könige Shapur I. und Chosrau Anuschiravan spielten eine herausragende Rolle in der Förderung philosophischer Strömungen. Chosrau Anuschiravan lud die neuplatonischen Philosophen, die nach der Schließung der Akademie von Athen aus Griechenland fliehen mussten, nach Iran ein und stärkte so die Verbindung zwischen griechischem und iranischem Denken. Diese Denktraditionen wurden in Iran mit zoroastrischen Lehren und ethisch-kosmischen Vorstellungen verschmolzen und verliehen dem philosophischen Denken eine neue Dimension.

Neben der Aufnahme griechischer Philosophen ließ Anuschiravan zahlreiche philosophische und wissenschaftliche Texte aus dem Griechischen und dem Indischen ins Mittelpersische übersetzen. Eines der wichtigsten Werke dieser Zeit war das Chwaday-Namag (Khoday-Nameh), das die Geschichte, Mythen und Weisheiten der Iraner enthielt und später als Grundlage für Ferdowsis Schāhnāme diente.

Auch das gesellschaftliche Kastensystem und die staatliche Ordnung der Sassaniden sind aus philosophischer Perspektive interessant. Dieses System basierte auf dem Dualismus zwischen Ordnung und Chaos (Ahura und Ahriman), was eine direkte Reflexion der zoroastrischen Weltanschauung war. In dieser Vorstellung galt der König als Vertreter der göttlichen Ordnung (Khshatra) auf Erden und war verantwortlich für die Wahrung von Gerechtigkeit und Gleichgewicht in der Gesellschaft.

Platon: Die unsterbliche Seele und die Welt der Ideen

Platon (427–347 v. Chr.) zählt zu den herausragendsten griechischen Philosophen und sprach umfassend über die Unsterblichkeit der Seele. Er war der Ansicht, dass die Seele ein immaterielles und ewiges Wesen ist, das eine unabhängige Natur vom Körper besitzt.

1. Die Seele als unsterblicher Kern

Aus Platons Sicht gilt:

• Die Seele ist von Natur aus unsterblich und existierte bereits vor der leiblichen Geburt.

• Das irdische Leben schränkt die Seele ein und bindet sie an die materielle Welt, doch der Tod befreit sie, sodass sie in die Welt der Ideen zurückkehrt.

• In der Ideenwelt erfährt die Seele die absoluten Wahrheiten, die Schönheit und das Gute – eine Sphäre, die für Platon immateriell und ewig ist.

2. Philosophische Gründe für die Unsterblichkeit der Seele

Platon liefert in seinen Werken, besonders im „Phaidon", mehrere Argumente für die Unsterblichkeit der Seele:

• Der Kreislauf der Gegensätze: Leben und Tod stehen in einem ständigen Wechselspiel; wie das Leben aus dem Tod hervorgeht, so bereitet der Tod auch die Grundlage für neues Leben.

• Die Theorie der Anamnesis (Erinnerung): Platon vertrat die Auffassung, dass Lernen in Wirklichkeit ein Erinnern (Anamnesis) ist – das heißt, die Seele hat vor der Geburt in der Ideenwelt bereits Wissen erworben.

• Die Einfachheit der Seele: Da die Seele für Platon eine schlichte, unteilbare Natur besitzt, kann sie nicht vernichtet werden.

3. Die Dreiteilung der Seele

Platon teilte die menschliche Seele in drei Bereiche:

• Den rationalen Teil, der mit Denken und Wissen verknüpft ist.

• Den willensmäßigen Teil, der den Mut und den Willen repräsentiert.

• Den begehrenden Teil, der mit körperlichen Wünschen verbunden ist.

Platon glaubte, dass das Heil (die Rettung) der Seele davon abhängt, dass der rationale Teil die beiden anderen kontrolliert.

Aristoteles: Die vom Körper abhängige und vergängliche Seele

Aristoteles (384–322 v. Chr.), Platons Schüler, stimmte in vielen Lehren seines Meisters überein, vertrat jedoch eine andere Sichtweise bezüglich der Unsterblichkeit der Seele. Er betrachtete die Seele als abhängig vom Körper und vertrat die Auffassung, dass die Seele mit dem Tod des Körpers vergeht.

1. Definition der Seele aus aristotelischer Perspektive

Für Aristoteles ist die Seele das „Prinzip der Lebenskraft", das die vielfältigen Funktionen des Körpers ermöglicht. Er definierte die Seele als die Form des Körpers (und nicht als ein von ihm unabhängiges Material):

• Der Körper agiert als Materie, und die Seele als dessen Form.

• Ohne den Körper existiert die Seele nicht, und mit dem Tod des Körpers hört die Seele auf zu existieren.

2. Die Einteilung der Seele bei Aristoteles

Aristoteles unterscheidet drei Hauptfunktionen der Seele:

- Vegetative Seele: Verantwortlich für Wachstum und Ernährung (gemeinsam mit Pflanzen).

- Animalische Seele: Zuständig für Wahrnehmung und Bewegung (gemeinsam mit Tieren).

- Rationale Seele: Verantwortlich für Denken und Urteilsvermögen (exklusiv für den Menschen).

Für Aristoteles ist nur der rationale Teil der Seele – wenn überhaupt in begrenztem Maße – unsterblich; selbst dieser Teil bleibt jedoch eng an den Körper gebunden.

3. Vergänglichkeit der Seele

Im Gegensatz zu Platon war Aristoteles der Ansicht, dass sich Seele und Körper nicht trennen lassen. Mit dem Tod des Körpers endet auch das Wirken der Seele. Er betrachtete die Seele als ein natürliches Phänomen und nicht als etwas Immaterielles, weshalb er ein Leben nach dem Tod ablehnte.

Diese Darstellungen zeigen, wie Platon und Aristoteles, trotz ihrer gemeinsamen Wurzeln, unterschiedliche Auffassungen über die Natur und das Schicksal der Seele hatten – Platon als Verfechter einer unsterblichen, unabhängigen Seele und Aristoteles als Befürworter einer untrennbaren Verbindung von Körper und Seele.

Der Einfluss der griechischen Philosophie auf die Unsterblichkeit der Seele in der westlichen Theologie

Die Ansichten von Platon und Aristoteles haben einen tiefgreifenden Einfluss auf die Philosophie und Theologie des Westens ausgeübt und neue Interpretationen über die Natur und Unsterblichkeit der Seele inspiriert.

- Platon, der die Unsterblichkeit und Unabhängigkeit der Seele betonte, eröffnete einen spirituellen Zugang zu Leben und Tod. Seine Lehren über die Unsterblichkeit der Seele wurden von christlichen Denkern wie Augustinus aufgegriffen und bildeten eines der grundlegenden Prinzipien der christlichen Theologie.

• Aristoteles hingegen verfolgte mit seiner Betonung der Verbindung zwischen Seele und Körper einen naturalistischen und wissenschaftlichen Ansatz zum Thema Seele. Sein naturalistischer Blick beeinflusste islamische Philosophen wie Avicenna und Averroes und später auch christliche Denker wie Thomas von Aquin.

Der Einfluss der Diskussionen auf die Philosophie und Kultur von Gundishapur

Der Kontrast der Sichtweisen in Gundishapur führte dazu, dass jede dieser Traditionen:

1. ein tieferes Verständnis für die Ansichten der anderen gewann.

• Indische Philosophen wurden mit den zoroastrischen Lehren über Ethik und das endgültige Gericht vertraut, was das Konzept der Reinkarnation in Frage stellte.

• Zoroastrier ließen sich von den indischen Ideen über Karma und dessen Einfluss auf die Seele inspirieren.

• Die Griechen profitierten von den indischen und zoroastrischen Ansätzen, um ihre eigenen philosophischen Perspektiven zu bereichern.

2. interkulturelle Ansätze hervorgebracht wurden.

• Die Diskussionen in Gundishapur führten zur Verschmelzung von Ideen, die die Grundlage für neue Denkanstöße über die Unsterblichkeit der Seele und das Leben nach dem Tod legten.

• Dieses Zentrum entwickelte sich zu einer Brücke für den Wissenstransfer zwischen Ost und West, in der Konzepte wie Reinkarnation und das endgültige Gericht auf innovative Weise analysiert wurden.

Wahrheit und Erkenntnis: Der Gegensatz der philosophischen Ansätze

Ein zentrales Thema in Gundishapur war die Frage nach der Natur der Wahrheit und wie diese erkannt werden kann. Hier spielte der Kontrast zwischen verschiedenen Ansätzen eine Schlüsselrolle:

1. Der empirische (beobachtende) Ansatz:

• Dieser Ansatz, vertreten von Denkern wie Hippokrates und seinen Anhängern, verstand Wahrheit als etwas Beobachtbares und Erfahrbares.

• Hippokrates war der Auffassung, dass die Erkenntnis der Natur und des Menschen auf Beobachtung, Experiment und rationaler Analyse beruhen müsse.

• In Gundishapur setzten die Ärzte diesen Ansatz in der Medizin ein, was zu bedeutenden Fortschritten in der Behandlung und im Verständnis von Krankheiten führte.

2. Der metaphysische Ansatz:

• Einige zoroastrische und griechische Philosophen betrachteten die Wahrheit als etwas, das über die sinnliche und erfahrbare Wahrnehmung hinausgeht – in einer immateriellen Sphäre oder auf einer Ebene, die jenseits der physischen Erfahrung liegt.

• Diese Philosophen waren der Überzeugung, dass Vernunft und philosophische Reflexion die wesentlichen Mittel zur Erlangung der Wahrheit sind.

3. Die Synthese beider Ansätze in Gundishapur:

• Die Philosophen von Gundishapur strebten danach, beide Ansätze zu verbinden. Sie glaubten, dass Wahrheit sowohl durch Beobachtung und Erfahrung als auch durch philosophische Reflexion erfasst werden könne.

• Dieser Versuch, die Ansätze zu integrieren, führte zu einer wissenschaftlich-philosophischen Methodologie in diesem Zentrum.

Der Kontrast der Sichtweisen in Gundishapur erinnert uns daran, dass Wahrheit oft in der Begegnung unterschiedlicher Denkweisen entsteht und interkultureller Austausch ein mächtiges Instrument zur Erweiterung des Wissens ist.

Treffen zweier Ansichten: Der indische und der iranische Philosoph

Diese Erzählung eines Dialogs zwischen zwei Philosophen symbolisiert den menschlichen Versuch, die Wahrheit und den Sinn des Lebens tiefer zu verstehen. Einer von ihnen, ein Vertreter aus Indien, steht für die vedische Tradition (die sich der Verehrung zahlreicher Götter und Göttinnen widmet und großen Wert auf kosmisches Gleichgewicht und universelle Ordnung legt) sowie für die Lehren des Hinduismus und Buddhismus, während der andere, ein Vertreter aus dem Iran, die zoroastrischen Lehren und die Betonung des endgültigen Gerichts sowie des Kampfes zwischen Gut und Böse vertritt. Dieser Dialog bietet die Gelegenheit, dass der Kontrast der Ansichten – anstatt zu einem Konflikt zu führen – in eine Interaktion und Synergie übergeht.

Die Sichtweise des indischen Mannes: Reinkarnation und Karma

Der indische Philosoph, der die vedische Tradition sowie die Lehren des Hinduismus und Buddhismus repräsentiert, äußert seine Ansicht mit besonderem Schwerpunkt auf der Reinkarnation und dem Karma. Er erklärt, dass die menschliche Seele nach dem Tod in einem Kreislauf von Geburt, Tod und Wiedergeburt gefangen ist – dem Samsara. Dieser Kreislauf ist einerseits das Resultat der Handlungen und des Verhaltens (Karma) in früheren Leben und bietet andererseits eine Chance zur Reinigung und spirituellen Weiterentwicklung der Seele. Jede neue Geburt ist eine frische Phase des Lernens und spirituellen Wachstums.

Karma bedeutet das natürliche Resultat der Handlungen eines jeden Menschen. Gute Taten führen zu positiven Ergebnissen, während schlechte Taten negative Konsequenzen nach sich ziehen, deren Auswirkungen in zukünftigen Leben wiederkehren.

Der indische Denker betont, dass Karma nicht nur auf das gegenwärtige Leben beschränkt ist, sondern eine Brücke zwischen mehreren Leben bildet, die die Seele zum Lernen und Wandel anregt.

In dieser Sichtweise ist das letztendliche Ziel der Seele, sich aus dem Kreislauf des Samsara zu befreien und den Zustand der Moksha, also Nirwana, zu erreichen.

Diese Darstellung zeigt, wie die griechische Philosophie – insbesondere die Ansichten von Platon und Aristoteles – einen tiefgreifenden Einfluss auf die westliche Theologie und die Interpretation der Unsterblichkeit der Seele ausgeübt hat und wie interkultureller Austausch in Zentren wie Gundishapur neue Perspektiven auf grundlegende Fragen von Leben, Tod und Wahrheit eröffnete.

Philosophische Sichtweise des indischen Mannes

Der indische Denker versteht die Reinkarnation nicht als einen zwingenden Kreislauf, sondern als eine Chance zur Läuterung, zum Wachstum und zur Erkenntnis. Er definiert diesen Kreislauf als einen Weg, der letztendlich zur Vollkommenheit und zur endgültigen Freiheit führt.

Philosophische Sichtweise des iranischen Philosophen: Das Endgericht und der direkte Weg zur Vollkommenheit

Der iranische Philosoph beruft sich auf die Lehren des Zoroastrismus. Er vertritt seine Sichtweise, indem er das Endgericht, den Kampf zwischen Gut und Böse und den zielgerichteten Aufstieg der Seele zur Vollkommenheit betont.

Er folgt den Lehren des Zoroastrismus und glaubt, dass die Seele nach dem Tod in einem klar definierten, zielgerichteten Pfad aufsteigt – in Richtung Ahura Mazda (dem Gott des Guten). In der zoroastrischen Philosophie wird die menschliche Seele als ein freies und von der materiellen Hülle unabhängiges Wesen betrachtet, das, nachdem sie verschiedene Phasen durchlaufen und gegen die Mächte des Bösen (Angra Mainyu) gekämpft hat, schlussendlich in Richtung Erleuchtung und Wahrheit wandert.

Die Zoroastrier sind überzeugt, dass die Seele dauerhaft und auf einem festen Weg von der „vergänglichen Welt" zur „geistigen Welt" fortschreitet. Auf diesem Weg muss die Seele verschiedene Stadien durchlaufen, um das höchste spirituelle Niveau zu erreichen. Dieser Prozess beinhaltet einen ständigen Kampf gegen die Kräfte des Bösen, sodass die Seele am Tag des Endgerichts den Weg zu Ahura Mazda findet und ewigen Frieden erlangt.

Insgesamt wird in dieser Sichtweise die Welt nicht als ein endloser Kreislauf von Geburt und Tod verstanden, sondern als eine zielgerichtete Bewegung, in der die Seelen letztlich zur Transzendenz gelangen. Diese Transzendenz entspricht dem „Licht", das die Rückkehr der Seele zu ihrer ursprünglichen Quelle, nämlich Ahura Mazda, ermöglicht.

Dialog zwischen dem indischen und dem iranischen Philosophen

Der indische Denker warf einen ruhigen Blick um sich und sagte dann:

„In der indischen Philosophie ist die Logik nicht nur ein Werkzeug zur Analyse der Realität, sondern auch ein Mittel zur Entdeckung der absoluten Wahrheit. Wir haben ein System namens Nyāya, das auf Beobachtung, Schlussfolgerung, Vergleich und zuverlässiger Zeugenaussage basiert. Dieses logische System leitet uns zu einem präziseren Verständnis des Seins und der Funktionsweise der Welt. Wie setzt ihr in eurer Philosophie Logik ein, um die Wahrheit zu finden?"

Der iranische Philosoph lauschte aufmerksam und antwortete:

„In der zoroastrischen Tradition und in unserem philosophischen Denken wird Logik vorwiegend als ein moralisches und praktisches Instrument gesehen, nicht als etwas rein Abstraktes. Wir glauben, dass Denken zu Handlungen führen muss. Deshalb steht die Logik in unserem Dienst, um richtige Entscheidungen zu treffen, damit die Welt in Richtung des Guten voranschreitet."

Mit einem sanften Lächeln fuhr der indische Denker fort:

„Diese praktische Funktion der Logik ist faszinierend. Aber gibt es in eurem Denken etwas, das mit ‚Prakāśa' vergleichbar ist? Im Nyāya legen wir großen Wert auf die Erleuchtung des Geistes – jenes Licht, das die Vernunft besitzt und in der Lage ist, die Realität von Illusionen zu unterscheiden. Beispielsweise lernen wir, dass jede Wahrnehmung richtig oder falsch sein kann, doch es ist unser Verstand, der zwischen beiden unterscheidet."

Der iranische Philosoph nickte nachdenklich und sagte:

„Das ist wahr, auch in unseren Lehren spielt der Verstand eine wichtige Rolle, aber wir verbinden ihn mit Spiritualität und Ethik. Vielleicht gibt es etwas Vergleichbares zu ‚Prakāśa' in unserem Konzept von 'Ferehvahar'; einer Kraft, die uns zur Wahrheit leitet – eine Kombination aus intellektuellem und moralischem Licht. Nichtsdestotrotz hat mich der Unterschied zwischen der Unterscheidung von Realität und Illusion im Nyāya-System fasziniert. Könntest du das näher erläutern?"

Der indische Denker erwiderte:

„Gern. Im Nyāya-System unterscheiden wir vier Stufen der Erkenntnis: direkte Wahrnehmung (Pratyakṣa), Schlussfolgerung (Anumāna), Vergleich (Upamāna) und zuverlässiges Zeugnis (Śabda). Diese vier Methoden sind Werkzeuge, die uns helfen, die Wahrheit auf allen Ebenen des Seins zu entdecken. Zum Beispiel ermöglicht uns die Schlussfolgerung, aus der Beobachtung von Rauch auf das Vorhandensein von Feuer zu schließen. Aber reicht das allein aus? Nein, wir müssen auch andere Methoden anwenden, um die Richtigkeit dieser Schlussfolgerung zu überprüfen. Gibt es in eurer Tradition ähnliche mehrstufige Ansätze?"

Der iranische Philosoph schüttelte den Kopf und sagte:

„Wir betrachten Logik vielleicht nicht so systematisch, aber wir nutzen die Beobachtung der Natur und ihrer Gesetzmäßigkeiten, um die Wahrheit zu entdecken. In der zoroastrischen Tradition richtet sich unser Blick mehr auf das ‚Warum' und den Zweck der Welt. Dieser Zweck ist der Kampf zwischen Gut und Böse, der letztlich in einem Sieg des Lichts mündet. Ich finde diese vier Stufen des Nyāya sehr lehrreich. Wie wenden diese Methoden auf komplexe Themen wie Reinkarnation oder Befreiung an?"

Der indische Denker erklärte:

„Nyāya beschränkt sich nicht auf alltägliche Phänomene. Wir nutzen diese Methoden auch zur Analyse komplexerer Themen wie Karma und Samsāra. Beispielsweise zeigt uns die Schlussfolgerung, dass, wenn unser Karma gut ist, sich dies auch in zukünftigen Leben positiv auswirkt. Ebenso kann das zuverlässige Zeugnis aus heiligen Schriften oder von Lehrern uns zur Befreiung aus Samsāra führen. Aber ich finde euren Kampf zwischen Gut und Böse in eurer Philosophie besonders reizvoll. Lässt sich dieser nicht mit dem Kreislauf von Samsāra vergleichen?"

Gegenseitiges Verständnis und ein gemeinsames Ziel: Eine synergistische Philosophie

Das Wesentliche in diesem Dialog ist nicht die oberflächliche Differenz zwischen den beiden Ansichten, sondern das tiefe Verständnis und der gegenseitige Respekt für unterschiedliche Wege. Der iranische Philosoph weist darauf hin, dass die Seele auf einem direkten Pfad zum Licht wandelt, und versucht damit zu zeigen, dass verschiedene Wege existieren können – letztlich aber ein gemeinsames Ziel haben: die Suche nach der Wahrheit.

Der indische Denker hört respektvoll zu und nimmt die Sichtweise seines Gegenübers als einen möglichen Weg zur Erkenntnis an. Er ist überzeugt, dass diese scheinbaren Unterschiede nicht als Hindernisse, sondern als Chancen zum Lernen und zur Erweiterung des geistigen Horizonts verstanden werden sollten.

Letztlich gelangen beide zu der Erkenntnis, dass nicht nur die individuellen Handlungen wichtig sind, sondern auch Empathie, Respekt gegenüber den Überzeugungen anderer und die gemeinsame Suche nach der Wahrheit essenziell sind. Dieser Dialog zeigt den gemeinsamen Versuch, sich der Wahrheit zu nähern – nicht durch den Beweis der Überlegenheit des einen über den anderen, sondern durch den Austausch und die philosophische Zusammenarbeit.

Diese Denkweise und dieser intellektuelle Austausch haben nicht nur in Gundishapur, sondern in allen interkulturellen Dialogen als Modell für menschliches und spirituelles Wachstum gedient – indem sie die Vielfalt der Denkwege und den Respekt vor Unterschieden als integralen Bestandteil des Fortschritts betrachten.

Dieses Treffen als Symbol für den interkulturellen philosophischen Austausch in Gundishapur:

• Wechselseitige Beeinflussung: Beide Philosophen bemühen sich, sich von den unterschiedlichen Lehren inspirieren zu lassen, indem sie den Standpunkt des jeweils anderen respektieren.

• Entwicklung interkultureller Philosophien: Diese Interaktionen legten den Grundstein für Philosophien, die Elemente verschiedener östlicher und westlicher Traditionen in sich vereinen.

• Betonung der gemeinsamen Menschlichkeit: Der Dialog hebt die Gemeinsamkeiten der Menschen und ihren gemeinsamen Kampf hervor, dem Sinn des Lebens näherzukommen.

Die abschließende Botschaft dieses Dialogs

Die wechselseitigen Ansichten der indischen und zoroastrischen Philosophie über die Seele – obwohl sie auf philosophischer Ebene gegensätzlich erscheinen mögen – haben letztlich ein gemeinsames Ziel: die Befreiung von materiellen Beschränkungen und das Finden der Wahrheit. Dieser Dialog zeigt, dass Unterschiede nicht als Hindernis für das gegenseitige Verständnis dienen, sondern als Mittel zur Erweiterung von Wissen und geistigem Wachstum genutzt werden können.

Diese philosophische Sichtweise gilt nicht nur in Gundishapur, sondern in allen interkulturellen Dialogen als Modell für menschliches und spirituelles Wachstum.

Zusammenfassend symbolisiert dieses Treffen den interkulturellen philosophischen und kulturellen Austausch in Gundishapur:

• Wechselseitige Einflussnahme: Beide Philosophen bemühen sich, sich von den Lehren des jeweils anderen inspirieren zu lassen.

• Entwicklung interkultureller Philosophien: Diese Interaktionen führten zur Entstehung von Denkschulen, die Elemente aus östlichen und westlichen Traditionen integrieren.

• Betonung der gemeinsamen Menschlichkeit: Der Dialog hebt hervor, dass der Weg zur Wahrheit ein gemeinsamer ist, den alle Menschen – ungeachtet ihrer Unterschiede – beschreiten.

Diese Sichtweisen und der intellektuelle Austausch bilden die Grundlage einer Philosophie und eines Bewusstseins, in dem die Vielfalt der Denkwege und der Respekt vor Unterschieden als wesentliche Bestandteile des menschlichen und philosophischen Fortschritts betrachtet werden.

Schlussfolgerung des Dialogs:

Die unterschiedlichen Ansichten der indischen und zoroastrischen Philosophie über die Seele, obwohl sie auf den ersten Blick widersprüchlich erscheinen, haben letztlich ein gemeinsames Ziel: die Befreiung von den

Beschränkungen des Materiellen und das Finden der Wahrheit. Dieser Dialog zeigt, dass diese Unterschiede nicht als Barriere, sondern als wertvolles Werkzeug zur Erweiterung des Wissens und des geistigen Wachstums dienen können.

Diese philosophische Perspektive dient nicht nur in Gundishapur, sondern als Vorbild für alle interkulturellen intellektuellen Austausche, in denen das Streben nach menschlichem und spirituellem Wachstum im Vordergrund steht.

Austausch von Gedanken: Offenheit für neue Ideen und Innovation in Gundishapur

In Gundishapur war der Austausch von Gedanken weit mehr als ein bloßes Mittel, um ein tieferes Verständnis philosophischer und wissenschaftlicher Konzepte zu erlangen. Diese Sitzungen und Diskussionen dienten als Wege, den Horizont des Denkens zu erweitern und Innovationen in sämtlichen Bereichen – sei es Wissenschaft, Philosophie oder Kunst – zu fördern. Das Hauptziel dieser Debatten war nicht nur, endgültige Antworten zu gewinnen, sondern auch neue Perspektiven auf die Wahrheit zu entdecken und Konzepte zu entwickeln, die den Weg zu bedeutenden Umbrüchen im menschlichen Denken ebnen konnten.

Der Einfluss des interkulturellen Diskurses auf die Erweiterung neuer Konzepte

In Gundishapur standen unterschiedliche philosophische Ansichten – darunter die griechische, indische und iranische Philosophie – nebeneinander. Diese Perspektiven, die jeweils eigenständig verschiedene Aspekte der Wahrheit und menschlichen Erfahrung betonten, konnten in einem gemeinsamen Diskussionsraum zu neuartigen Denkweisen und einem vertieften Verständnis der Wirklichkeit führen.

• Die griechische Philosophie, vor allem die Lehren von Platon und Aristoteles, legte Wert auf Vernunft, Logik und die Analyse von Begriffen. In dieser Sichtweise erlangt man die Wahrheit durch den Gebrauch von Vernunft und schlüssiger Argumentation. Dieser Ansatz konzentrierte sich vor allem auf rationale Konzepte, wobei Logik und präzises Denken als wesentliche Instrumente zur Erkenntnis der Wahrheit galten.

• Im Gegensatz dazu fokussierten sich östliche Philosophien wie der Hinduismus (und ähnliche Traditionen) sowie der Zoroastrismus stärker auf spirituelle Dimensionen, ein tieferes Verständnis des Seins und die Beziehung des Menschen zur immateriellen Welt. So wurden im Hinduismus Reinkarnation und Karma als wesentliche Elemente auf dem Weg zur Vollkommenheit des Individuums betrachtet, während im Zoroastrismus der Kampf zwischen Gut und Böse sowie das endgültige Gericht im Zentrum standen.

Diese grundlegenden Unterschiede wurden – anstatt in einen Konflikt zu münden – als Gelegenheit verstanden, den Horizont des Denkens zu erweitern und ein tieferes Verständnis der Wahrheit zu entwickeln.

Die Synthese verschiedener Ansätze und das Entstehen neuer Konzepte

Der interkulturelle Austausch zwischen iranischen, indischen, griechischen und römischen Philosophen in Gundishapur führte zur Entstehung neuer Denkansätze. Insbesondere wenn verschiedene Philosophien ein gemeinsames Thema behandelten, entstanden innovative Ideen, die nicht nur auf einer konzeptionellen, sondern auch auf einer praktischen Ebene Anwendung fanden.

• Die platonische Philosophie, mit ihrem Fokus auf die Welt der Ideen und der Unsterblichkeit der Seele, konnte in Kombination mit zoroastrischen und hinduistischen Ansätzen, die den spirituellen Fortschritt der Seele betonten, neue Theorien über den Weg zur menschlichen Vollkommenheit, das Leben nach dem Tod und die Struktur des Universums hervorbringen.

• Die hinduistischen Konzepte von Reinkarnation und Karma konnten mit den griechischen Ansätzen von Logik und Vernunft kombiniert werden, was zu komplexeren, vielschichtigen Diskussionen über die Natur der Seele und die zyklischen Existenzprozesse führte.

Der Einfluss des interkulturellen Austauschs auf verschiedene Bereiche

Diese wechselseitige Verschmelzung von Philosophien und Lehren hatte weitreichende Auswirkungen, die nicht nur den philosophischen Diskurs, sondern auch Wissenschaft und Kunst prägten.

• In der Medizin etwa ermöglichte die Kombination der griechischen Anatomie- und Physiologiekonzepte mit den hinduistischen Ansätzen, die auf inneren Energien und einem Gleichgewicht zwischen Körper und Geist basierten, die Entwicklung neuer, integrativer Heilmethoden.

• Auch in der Kunst fand dieser Austausch Ausdruck: Dichter und Künstler in Gundishapur schufen Werke, die nicht nur philosophische Konzepte enthielten, sondern auch emotionale und spirituelle Dimensionen in das tägliche Erleben einbrachten.

Austausch von Ideen und Innovation im menschlichen Denken

Letztlich wird der Austausch von Gedanken in Gundishapur als ein Motor für Innovation und intellektuellen Fortschritt angesehen. Dieser Raum ermöglichte nicht nur ein tieferes Verständnis grundlegender Konzepte wie „Seele", „Wahrheit" und „Erkenntnis", sondern öffnete auch neue Wege für Forschung und Denken in den Bereichen Wissenschaft, Philosophie und Kunst.

Dieser Prozess des Kombinierens und Austauschs von Perspektiven in Gundishapur kann als Modell für Offenheit gegenüber neuen Ideen und die

Akzeptanz intellektueller Vielfalt betrachtet werden – ein Ansatz, der nicht nur zu bedeutenden wissenschaftlichen und philosophischen Durchbrüchen führte, sondern auch einen tiefgreifenden Einfluss auf die Geschichte des menschlichen Denkens hatte.

Die Rolle der Dichter im kulturellen Dialog und Gedankenaustausch in Gundishapur

Dichter der iranischen Kultur spielten in Gundishapur eine wesentliche und einzigartige Rolle beim Austausch von Ideen. Ihre Gedichte wurden nicht nur als künstlerisches Ausdrucksmittel, sondern auch als Weg zur Vermittlung komplexer philosophischer und spiritueller Konzepte genutzt. Mit ihren Versen, die Themen wie Licht, Wahrheit, Seele und menschliche Vollkommenheit behandelten, verwandelten sie abstrakte philosophische Diskussionen in eine emotionale und inspirierende Erfahrung, die nicht nur zur Vertiefung des Denkens beitrug, sondern auch eine verbindende emotionale und spirituelle Beziehung unter den Teilnehmern schuf.

Poesie als Weg zur Weisheit und göttlichen Erleuchtung

Seit jeher sahen iranische Dichter die Poesie nicht nur als ein künstlerisches Ausdrucksmittel, sondern als einen Weg, um Weisheit und göttliches Licht zu erlangen. Ihre Verse befassten sich häufig mit tiefgründigen, transzendentalen Themen wie der Wahrheit des Universums, dem Wesen der Seele und dem Weg der spirituellen Evolution. In der Tat formten diese Dichter das philosophische und erkenntnistheoretische Denken, indem sie ihre Ideen in einer einfachen und zugleich schönen Sprache darboten, sodass sie für jedermann verständlich und erfahrbar wurden.

Hafez, Saadi und Molana – berühmte iranische Dichter späterer Jahrhunderte – ließen sich von denselben philosophischen Ideen inspirieren. Ihre Gedichte, die oft von Licht, Spiritualität, der Suche nach Wahrheit und menschlicher

Vollkommenheit handelten, hatten direkten Einfluss auf die philosophische Diskussion und brachten ihre Gedanken in einer poetischen Form in die Gesellschaft ein. Insbesondere die Gedichte Hafez', in denen die materielle und die spirituelle Welt simultan dargestellt werden, sind herausragende Beispiele für die Verschmelzung von Philosophie und Poesie.

Die Verwandlung von Philosophie in eine emotionale und spirituelle Erfahrung

In Gundishapur beschränkte sich der Austausch von Gedanken nicht auf trockene, rein wissenschaftliche Gespräche. Dichter trugen durch das Hinzufügen von Emotion und Spiritualität dazu bei, dass Philosophie nicht nur als ein akademisches Fach, sondern als eine erlebbare, gefühlsbetonte und spirituelle Erfahrung wahrgenommen wurde. Dies ermöglichte es, komplexe Konzepte wie „Wahrheit" und „Seele" in einer Form darzustellen, die greifbar und nachvollziehbar für alle war.

Dichter wie Molana, der sich intensiv mit mystischen Konzepten und der Beziehung des Menschen zu Gott auseinandersetzte, bemühten sich, unterschiedliche Weltanschauungen miteinander zu verknüpfen und ein tieferes Verständnis des Seins und der Erkenntnis zu fördern.

Übersetzung des philosophischen Austauschs in die Praxis: Die Verwandlung von Ideen in greifbare Erfahrung

Der interkulturelle Austausch in Gundishapur ermöglichte es, Philosophie in eine lebendige Erfahrung zu transformieren. Der Dialog zwischen indischen und iranischen Denkern, in dem der indische Philosoph die Reinkarnation und das Karma als Wege zur Läuterung und zum spirituellen Wachstum präsentiert und der iranische Denker die zoroastrische Lehre vom finalen Gericht und dem direkten Aufstieg der Seele zu Ahura Mazda betont, zeigt, dass die unterschiedlichen Ansätze – so widersprüchlich sie zunächst erscheinen mögen – letztlich ein gemeinsames Ziel haben: die Befreiung von den Begrenzungen des Materiellen und das Erreichen der Wahrheit.

Dieser Dialog hebt hervor, dass Unterschiede nicht als Hindernis für gegenseitiges Verständnis gesehen werden sollten, sondern als Mittel, um Wissen zu erweitern und den geistigen Horizont zu vergrößern.

Zusammenfassend symbolisiert dieser interkulturelle philosophische Austausch in Gundishapur:

• Wechselseitige Beeinflussung: Beide Denker bemühen sich, sich von den Lehren des jeweils anderen inspirieren zu lassen.

• Entwicklung interkultureller Philosophien: Durch diesen Austausch entstanden Denkschulen, die Elemente verschiedener östlicher und westlicher Traditionen integrieren.

• Hervorhebung der gemeinsamen Menschlichkeit: Der Dialog betont den universellen menschlichen Drang, die Wahrheit zu finden und dem Leben einen tieferen Sinn zu verleihen.

Diese Ideen und der intellektuelle Austausch in Gundishapur bilden die Grundlage einer Philosophie und eines Bewusstseins, in denen die Vielfalt der Denkwege und der Respekt vor unterschiedlichen Ansätzen als wesentliche Bestandteile des menschlichen und philosophischen Fortschritts angesehen werden.

Die Rolle der Dichter in der Verbindung verschiedener Philosophien

Die Dichter von Gundischapur beschränkten sich nicht nur darauf, iranische Philosophien auszudrücken, sondern sie fungierten auch als Vermittler zwischen verschiedenen Philosophien und Kulturen. Angesichts der kulturellen und philosophischen Vielfalt in Gundischapur, wie der griechischen, indischen und iranischen Philosophie, gestalteten diese Dichter ihre Gedichte so, dass sie für Zuhörer aus unterschiedlichen Kulturen und Philosophien interessant und verständlich waren.

Auf diese Weise diente die Poesie als eine gemeinsame Sprache für Dialog und gegenseitiges Verständnis, da die Dichter aus verschiedenen Kulturen heraus über Themen wie die Seele, das Licht und die menschliche Vollkommenheit sprechen konnten.

Reinkarnation und die Unsterblichkeit der Seele: Einflüsse auf die islamische Mystik

Das Konzept der Reinkarnation und der Unsterblichkeit der Seele war eines der zentralen Themen in den philosophischen Diskussionen von Gundischapur, das aus östlichen Traditionen, insbesondere aus der indischen und buddhistischen Philosophie, übernommen wurde und großen Einfluss auf die islamische Philosophie und Mystik ausübte.

Obwohl dieses Konzept im Islam offiziell nicht anerkannt wurde, lassen sich seine Spuren im Denken der Sufis und in den Werken bedeutender Dichter und Philosophen wie Rumi, Attar und Saadi klar erkennen.

Das Konzept der Reinkarnation und Unsterblichkeit in den östlichen Philosophien

In den östlichen Philosophien, wie denen Indiens und des Buddhismus, wird das Konzept der Reinkarnation ausführlich behandelt. Nach diesen Lehren trennt sich die menschliche Seele nach dem Tod vom sterblichen Körper und wird in einen neuen Körper übertragen. Dieser Zyklus setzt sich fort, bis die Seele Vollkommenheit und die Vereinigung mit Gott oder Nirwana erreicht.

Dieses Konzept war in Gundischapur ein zentrales Diskussionsthema, und Denker aus verschiedenen Kulturen, insbesondere aus dem Iran und Indien, tauschten hierüber ihre Ansichten aus.

Einflüsse auf die islamische Mystik

In der islamischen Mystik wurde die Reinkarnation zwar offiziell nicht akzeptiert, doch ähnliche Konzepte wurden in symbolischer und spiritueller Form verwendet. Viele Sufis und islamische Gelehrte brachten Ideen nahe der Reinkarnation in ihren Werken zum Ausdruck, auch wenn diese nicht direkt als Reinkarnation bezeichnet wurden. Stattdessen erschienen sie in Form von Konzepten wie Tod und Wiedergeburt oder der spirituellen Entwicklung der Seele.

Der Prozess der Läuterung und Reinigung der Seele im Sufismus

Im Sufismus wird der spirituelle Tod und die Wiedergeburt als Prozess der Reinigung der Seele betrachtet. Die Seele durchläuft verschiedene Stadien, um die Einheit mit Gott zu erreichen. Dieses Konzept steht in gewisser Weise in Verbindung mit den indischen Ideen der inneren Erleuchtung und der spirituellen Evolution der Seele.

Auf diesem Weg wird die Seele durch Prüfungen, Herausforderungen und Reinigungsprozesse geläutert, bis sie höhere Stufen der Vollkommenheit und die Nähe zur absoluten Wahrheit erreicht.

Dynamik und Evolution der Seele in der islamischen Mystik

In den mystischen Werken des Islam, wie denen von Rumi und Attar, wird die spirituelle Reinkarnation indirekt durch Begriffe wie Tod und Wiedergeburt im Rahmen der spirituellen Entwicklung ausgedrückt. Diese „Tod und Wiedergeburt" symbolisieren den spirituellen Weg der Seele zur Vollkommenheit, bei dem der Mensch die materielle Welt und die vergänglichen Erscheinungen hinter sich lassen muss, um zur ewigen Wahrheit zu gelangen. Diese Vorstellungen spielten eine bedeutende Rolle bei der Herausbildung zentraler mystischer Konzepte in der islamischen Mystik.

Rumi und das Konzept von Tod und Wiedergeburt

In Rumis Dichtungen wird der Tod nicht nur als Ende des physischen Lebens verstanden, sondern auch als Prozess der Wiedergeburt und der Befreiung von der materiellen Welt. In seinem „Masnawi" schreibt er:

„Der Tod bedeutet hier die Befreiung von weltlichen Bindungen und die Verbindung mit der göttlichen Wahrheit."

Rumi betonte stark die Idee des spirituellen Todes und der Wiedergeburt als Weg zur Vereinigung mit Gott und zur spirituellen Erleuchtung. Diese Sichtweise steht indirekt in Verbindung mit dem Reinkarnationsgedanken, bei dem die Seele nach dem Tod spirituell ein neues Leben beginnt.

Einflüsse auf andere islamische Dichter und Gelehrte

Neben Rumi widmet sich auch Attar von Nischapur in seinem Werk „Die Konferenz der Vögel" und anderen Schriften der spirituellen Entwicklung der Seele und ihrer Reise durch verschiedene Stadien zur Vollkommenheit.

Er nutzt sufistische Allegorien und Erzählungen, um die spirituelle Wiedergeburt und die Rückkehr zum Ursprung zu verdeutlichen.

Auch in den Werken von Saadi finden sich ähnliche Konzepte der Selbstläuterung und spirituellen Erhebung. Saadi beschreibt diese Reise jedoch in einer einfacheren Sprache als spirituelle Reise des Menschen aus der vergänglichen Welt hin zur Wahrheit und zu

Verbindung mit den Lehren aus Indien

Die Konzepte von Tod und Wiedergeburt in der islamischen Mystik stehen in enger Verbindung mit den Lehren des Hinduismus und Buddhismus. In diesen Lehren wird die Seele nach dem Tod in neue Formen und Körper übertragen. In der islamischen Mystik hingegen wurde dieses Konzept vor allem als Reinigung und spirituelle Vervollkommnung der Seele interpretiert. Durch verschiedene Stufen der Selbsterkenntnis und spirituellen Entwicklung erreicht der Mensch die Vereinigung mit Gott und dem göttlichen Licht.

Insgesamt hatte das Konzept der Seelenwanderung und der Unsterblichkeit der Seele, das ursprünglich in den östlichen Philosophien wie im Hinduismus und Buddhismus entwickelt wurde, einen großen Einfluss auf die islamische Mystik, insbesondere auf den Sufismus und die Werke großer Dichter wie Rumi, Attar und Saadi. Diese Konzepte, die auf den ersten Blick scheinbar von der Seelenwanderung entfernt sind, greifen tatsächlich indirekt auf Ideen wie den spirituellen Tod, die Wiedergeburt und die Entwicklung der Seele zurück. Diese spirituellen Prozesse trugen letztlich zur Entstehung und Weiterentwicklung der islamischen Mystik und des Sufismus bei und führten zur Vertiefung von Vorstellungen über spirituelle Vervollkommnung und die Vereinigung mit der göttlichen Wahrheit.

Die Verbindung von griechischer Philosophie und östlicher Mystik: Die Entstehung neuer philosophischer Systeme

Eine der bedeutendsten Errungenschaften in der Geschichte des philosophischen Denkens war die Verbindung der griechischen Philosophie mit der östlichen Mystik. Diese Synthese wurde nicht nur im kulturellen und wissenschaftlichen Umfeld von Gundishapur initiiert, sondern führte auch zur Entstehung neuer philosophischer Systeme in der islamischen Welt und später in Europa. Philosophen wie al-Farabi und Avicenna spielten eine herausragende Rolle in diesem Prozess und schufen durch innovative Synthesen eine neue, umfassende Verbindung zwischen philosophischen Konzepten, islamischen Lehren und östlicher Mystik.

Al-Farabi und die Verbindung von griechischer Philosophie mit islamischen und östlichen Lehren

Al-Farabi, einer der größten islamischen Philosophen, zeigte in seinen Werken, wie sich die griechische Philosophie – insbesondere die Lehren Platons und Aristoteles' – mit islamischen Glaubensvorstellungen und östlicher Mystik vereinen ließ. Werke wie „al-Madina al-fadila" (Die vollkommene Stadt) und „Fusul al-muqalat" (Die Kapitel der Aussagen) gelten als Meilensteine in den Bereichen politische Philosophie, Metaphysik und Sozialwissenschaften.

Vereinigung praktischer Weisheit mit einem spirituellen Glaubensblick

In seinen ethischen und praktischen philosophischen Überlegungen versuchte al-Farabi, die ethischen Konzepte von Aristoteles mit den islamischen Lehren in Einklang zu bringen. In „al-Madina al-fadila" verband er die platonischen Ideen der idealen Stadt mit den ethischen und religiösen Prinzipien des Islam. Al-Farabi betonte, dass das ultimative Ziel des Menschen die Erkenntnis der

Wahrheit und die spirituelle Vervollkommnung sei – ein Ziel, das durch die Verbindung von philosophischer Vernunft und spiritueller Mystik erreichbar wird.

Die Ära des Idealismus

Al-Farabi legte großen Wert auf die Begriffe des „Aktiven Intellekts" und der „universellen Seele", die ihren Ursprung in der griechischen Philosophie haben, aber in seinem Denken mit islamischen Vorstellungen über das göttliche Wesen und die Weisheit Gottes verknüpft wurden. In „al-Madina al-fadila" beschreibt er eine ideale Gesellschaft, in der die Menschen nicht nur sozial und ethisch zur Vervollkommnung gelangen, sondern auch spirituell der göttlichen Wahrheit näherkommen. Al-Farabi strebte somit eine Synthese an, die den Menschen auf materieller und spiritueller Ebene zur Vollkommenheit führt.

Der Aktive Intellekt und die universelle Seele

Das Konzept des „Aktiven Intellekts" spielt in al-Farabis Philosophie eine zentrale Rolle. Dieser Intellekt wird als transzendente, überindividuelle Kraft verstanden, die den Menschen zur Erkenntnis der Wahrheit und zur höchsten Vervollkommnung führt. Der Aktive Intellekt fungiert als Quelle der Erleuchtung und spirituellen Führung. Durch Vernunft und die Suche nach Wahrheit können die Menschen sich diesem Intellekt annähern und so Glückseligkeit und Vollkommenheit erlangen.

Ebenso bedeutend ist al-Farabis Konzept der „universellen Seele", das in „al-Madina al-fadila" beschrieben wird. Diese universelle Seele wird als eine transzendente Kraft verstanden, die alle Wesen und Menschen auf harmonische Weise zur spirituellen Entwicklung führt. Die universelle Seele wirkt als ordnende und führende Kraft, die alle Teile der Welt miteinander verbindet und auf das ultimative Ziel – die Verwirklichung der Wahrheit – hinlenkt.

Die ideale Gesellschaft und ihre Verbindung zur göttlichen Wahrheit

In „al-Madina al-fadila" entwickelt al-Farabi die Idee, dass das höchste Ziel der Menschheit in sozialer, ethischer und spiritueller Vervollkommnung besteht. In dieser idealen Gesellschaft arbeiten alle Mitglieder gemeinsam daran, sich durch Tugenden und ethisches Handeln gegenseitig zu unterstützen und gemeinsam zur Vervollkommnung zu gelangen.

In dieser idealen Gesellschaft sollte der Herrscher oder Führer nicht nur über umfassende Weisheit und Wissen verfügen, sondern auch in der Lage sein, die Menschen auf den Weg der Wahrheit und des Guten zu führen. Al-Farabi glaubte, dass eine Gesellschaft, in der Philosophie und Religion in einem ausgewogenen Verhältnis zueinander stehen, das Potenzial hat, die Menschen nicht nur sozial und ethisch, sondern auch spirituell zur Nähe Gottes zu führen.

Die Synthese von griechischer Philosophie und islamischer Lehre

In „al-Madina al-fadila" versucht al-Farabi, philosophische Konzepte wie Platons Idealstaat und Aristoteles' ethische Prinzipien mit den islamischen Lehren über den göttlichen Monotheismus, die göttliche Weisheit und das Glück des Menschen zu verbinden. Diese Synthese ermöglichte es ihm, die ideale Stadt als ein Modell zu präsentieren, das nicht nur sozial und politisch wirksam ist, sondern auch als spirituelles Konzept zur Erreichung der höchsten Wahrheit und Nähe zu Gott dient.

Aus al-Farabis Sicht kann diese spirituelle Vollkommenheit nur durch die Verinnerlichung von Tugenden, Weisheit und die Verbindung mit dem Aktiven Intellekt erreicht werden. Die Menschen in der idealen Gesellschaft müssen sich von jeglicher moralischen und sozialen Korruption fernhalten, um auf dem Weg zur Wahrheit und zur Nähe Gottes voranzuschreiten.

Einfluss auf die islamische und westliche Philosophie

Farabi ebnete mit der Einführung des Konzepts einer Gesellschaft, in der Weisheit und die Annäherung an Gott grundlegende Prinzipien sind, den

Weg für viele islamische Philosophen wie Avicenna (Ibn Sina) und Ghazali. Diese Denkweise beeinflusste die politischen Philosophien im Islam und prägte tiefgreifend die späteren philosophischen und politischen Systeme.

Auch im Westen hinterließen Farabis Gedanken Spuren in der Philosophie des Mittelalters und der Scholastik. Besonders die Verbindung von praktischer Weisheit mit spirituellen Prinzipien zeigt sich in den Werken von Thomas von Aquin und anderen christlichen Philosophen des Mittelalters.

Farabi versuchte, eine Synthese aus griechischen und islamischen Lehren zu schaffen, die nicht nur die ethische und soziale Vervollkommnung des Menschen im Blick hatte, sondern auch die spirituellen Dimensionen des menschlichen Lebens berücksichtigte. Dadurch wurde er zu einem der Wegbereiter der islamischen Philosophie, der die griechischen Konzepte auf neue Weise mit islamischen und mystischen Ideen verband, um den Menschen in allen Lebensbereichen zur Vollkommenheit zu führen.

Avicenna und die Verbindung von griechischer Philosophie mit islamischer Mystik

Avicenna, einer der größten Philosophen und Wissenschaftler der islamischen Welt, verband die griechische Philosophie mit islamischen Lehren und östlicher Mystik und entwickelte so eine neue Form von Weisheit und Wissenschaft im islamischen Raum. Ausgebildet in Gundischapur, vereinte er in Werken wie „Al-Shifa" und „Al-Najat" griechische philosophische Konzepte mit islamischer Theologie und mystischen Prinzipien. Diese Synthese führte zur Entstehung eines philosophischen Systems, das sich nicht nur mit Metaphysik und Naturphilosophie befasste, sondern auch spirituelle und göttliche Dimensionen einbezog.

Besondere Aufmerksamkeit für das Konzept des Seins und die transzendenten Begriffe

Ein herausragendes Merkmal der Philosophie Avicennas ist seine besondere Aufmerksamkeit für das Konzept des „Seins" und für transzendente Begriffe.

Avicenna nutzte die Lehren von Aristoteles, um das Wesen des Seins zu analysieren, versuchte aber gleichzeitig, diesen Begriff mit dem islamischen Gottesbild und der Offenbarung in Einklang zu bringen.

In seinem Werk „Al-Shifa" beschreibt Avicenna das Sein als die grundlegendste und ursprünglichste Realität des Universums. Er erklärt, dass alle existierenden Wesen, vom niedrigsten bis zum höchsten, letztlich aus dieser einen Wahrheit des Seins hervorgehen, die ihren Ursprung in Gott hat. Diese Sichtweise lässt sich sowohl in der griechischen Philosophie als auch im islamischen Verständnis von Tauhid und der Einheit Gottes wiedererkennen.

Die Verbindung von göttlicher Weisheit und Naturwissenschaft

Eine der herausragenden Errungenschaften Avicennas war die Verbindung von göttlicher Weisheit und Naturwissenschaft. Während er sich mit metaphysischen Themen wie dem Sein und transzendenten Wesen befasste, widmete er sich zugleich intensiv den Naturwissenschaften und empirischen Studien.

In den Bereichen Medizin, Physik, Astronomie und anderen Disziplinen verband er philosophisches Denken mit praktischer Wissenschaft. Diese Verbindung betrachtete er nicht nur als Methode zur Erforschung der Natur, sondern auch als Weg zur spirituellen Erkenntnis und zur Suche nach der göttlichen Wahrheit.

Avicenna betrachtete die körperliche Gesundheit als Voraussetzung für die seelische und spirituelle Gesundheit. In seiner Philosophie diente die Medizin nicht nur der Heilung körperlicher Krankheiten, sondern auch der Befreiung von spirituellen Hindernissen und der Vorbereitung des Geistes auf die göttliche Wahrheit. In seiner Heilkunde betonte er die Bedeutung philosophischer Prinzipien zur ganzheitlichen Heilung von Körper und Seele.

Verbindung zwischen Wissenschaft und Spiritualität

In Avicennas Philosophie gibt es eine tiefe Verbindung zwischen Wissenschaft und Spiritualität. Besonders in der Medizin und der therapeutischen Philosophie betont er, dass die Heilung des Körpers mit der Heilung der Seele einhergehen muss.

Diese Sichtweise war so einflussreich, dass sie direkt die islamische Mystik (Tasawwuf) beeinflusste, insbesondere die spirituellen und psychologischen Ansätze der Sufis.

Mit der Synthese aus griechischer Philosophie und islamischer Lehre schuf Avicenna ein philosophisches und wissenschaftliches System, das Metaphysik, Naturwissenschaft und Spiritualität miteinander verband. Dieses Denken hatte nicht nur im islamischen Raum großen Einfluss, sondern prägte auch die westliche Philosophie tiefgreifend und ebnete den Weg für eine Vereinigung von Wissenschaft und Spiritualität.

Einfluss der Philosophie Avicennas im Westen

Avicenna gehört zu den größten Philosophen der Menschheitsgeschichte, der einen tiefen Einfluss auf die philosophische und wissenschaftliche Entwicklung in der islamischen Welt und im Westen hinterließ.

Seine Werke über Metaphysik, Ontologie, Naturwissenschaft und Medizin wurden in Europa weit verbreitet und beeinflussten die Philosophie der Scholastik und des Mittelalters nachhaltig. Avicenna gelang es, griechische philosophische Konzepte – insbesondere von Aristoteles – mit islamischen und mystischen Prinzipien zu verbinden und ein philosophisches System zu schaffen, das auch in den westlichen Denktraditionen tiefe Spuren hinterließ.

Scholastische Philosophie und ihre Einflüsse auf Thomas von Aquin

Die Scholastik, als vorherrschende Philosophie im mittelalterlichen Europa, stand stark unter dem Einfluss der Philosophie von Avicenna (Ibn Sina).

Scholastische Philosophen wie Thomas von Aquin übernahmen viele Konzepte und Prinzipien Avicennas in ihren Bemühungen, Glauben und Vernunft in Einklang zu bringen. Aquin und andere bedeutende Philosophen dieser Zeit studierten Avicennas Werke und integrierten seine metaphysischen und naturphilosophischen Konzepte in ihre eigenen Denksysteme. Dazu gehören insbesondere die Ontologie und die transzendentalen Begriffe, die Avicenna ausführlich in Werken wie *Al-Shifa* („Die Heilung") und *Al-Najat* („Die Rettung") behandelt hatte.

Thomas von Aquin versuchte in Werken wie der *Summa Theologica*, die philosophischen Prinzipien Avicennas, insbesondere in der Ontologie und der Beziehung zwischen Gott und den Geschöpfen, mit christlichen Lehren in Einklang zu bringen. Aquin nutzte Avicennas Konzepte der Einheit des Seins, der kontingenten und notwendigen Existenz, um die göttliche Existenz und die göttliche Weisheit in seinen Schriften zu erläutern und zu erklären.

Einflüsse auf die Philosophie des Mittelalters

Im Mittelalter wurde Avicenna insbesondere im Bereich der Metaphysik und Ontologie von europäischen Philosophen geschätzt. Zu denjenigen, die direkt von Avicenna beeinflusst wurden, zählen Wilhelm von Ockham und Heinrich von Gent. Viele dieser Philosophen kombinierten Avicennas Ansichten mit der christlichen Philosophie und bemühten sich, die philosophischen und religiösen Prinzipien der Scholastik zu erklären.

Naturphilosophie und Einflüsse auf die westliche Wissenschaft

Neben seinen metaphysischen Einflüssen hatte Avicenna auch weitreichende Auswirkungen auf die Naturphilosophie und die Naturwissenschaften im Westen. In seinem Werk *Al-Shifa* untersuchte er die Naturwissenschaften aus philosophischer Perspektive und verband wissenschaftliche Prinzipien mit metaphysischen Konzepten. In diesen Schriften erläuterte Avicenna Naturphänomene wie Bewegung, Zeit, Raum und die Ursachen der Existenz.

Diese Ansichten fanden im Mittelalter Beachtung in den Bereichen Physik und Naturwissenschaften und trugen zur Entwicklung wissenschaftlicher Diskurse im Westen bei. Im 12. und 13. Jahrhundert nutzten westliche Philosophen und Wissenschaftler wie Roger Bacon und Nikolaus Kopernikus

Avicennas Konzepte und Perspektiven, um die Naturwissenschaften weiterzuentwickeln.

Einflüsse auf Mystik und religiöse Philosophien des Westens

Avicennas Ideen im Bereich der islamischen Mystik und religiöser Philosophie hatten ebenfalls erhebliche Auswirkungen im Westen. In vielen mystischen und philosophischen Texten des Westens, insbesondere während der Renaissance und später in der Aufklärung, finden sich Konzepte, die Avicennas Gedanken über Sein, Seele und göttliche Weisheit ähneln.

In seiner mystischen Philosophie entwickelte Avicenna bedeutende Theorien über die Beziehung zwischen Mensch und Gott, die Reinigung der Seele und das Streben nach spiritueller Vollkommenheit, die viele westliche Philosophen und Denker beeinflussten. Diese Konzepte spiegeln sich in den Überlegungen von René Descartes, Spinoza und anderen Philosophen wider, die sich mit der Verbindung von Vernunft, Seele und der Stellung Gottes in der Welt auseinandersetzten.

Einflüsse auf die islamische und westliche Philosophie: Von Gundischapur zu globalen Zivilisationen

Die Übertragung und Verschmelzung philosophischer Konzepte von Gundischapur in die islamische Welt und dann in den Westen war ein transformierender Prozess in der Geschichte von Philosophie, Wissenschaft und Medizin. Diese Einflüsse wurden durch die Werke muslimischer Übersetzer und bedeutender Gelehrter wie Al-Kindi und Avicenna weithin in der islamischen Zivilisation und später in Europa bekannt. Dieser Prozess führte maßgeblich zur Entwicklung neuer philosophischer Systeme in beiden Zivilisationen, der islamischen und der westlichen.

Islamische Philosophie: Blüte und Verbreitung griechischer Ideen

In der islamischen Welt trug Gundischapur als bedeutendes Zentrum des philosophischen und wissenschaftlichen Austauschs zur Verbreitung griechischer philosophischer Konzepte bei. Al-Kindi, der erste systematische Philosoph der arabischen Welt, übersetzte und interpretierte griechische philosophische Werke ins Arabische. Er spielte eine herausragende Rolle bei der Übertragung aristotelischer und platonischer Konzepte in die islamische Welt und legte den Grundstein für die philosophische Bewegung dieser Zeit. Später kombinierten Philosophen wie Al-Farabi und Avicenna diese Konzepte mit islamischen Lehren und trugen zur Blüte der islamischen Philosophie bei.

Avicenna verknüpfte in Werken wie *Al-Shifa* und *Al-Najat* nicht nur griechische philosophische Diskurse mit islamischen Gedanken, sondern bot auch eine neue Interpretation komplexer Konzepte wie Sein, notwendige Existenz und kontingente Existenz. Seine Philosophie zeichnete sich sowohl in der Metaphysik als auch in der Naturphilosophie aus und hatte tiefgreifende Einflüsse auf die islamische und die westliche Welt.

Einflüsse auf die westliche Philosophie: Von Übersetzungen zur Scholastik

Die Übertragung dieser Ideen in den Westen durch lateinische Übersetzungen im Mittelalter führte zur Blüte der scholastischen Philosophie in Europa. Diese Werke wurden zunächst von muslimischen Übersetzern ins Lateinische übertragen, wobei Persönlichkeiten wie Heinrich von Blois und Gerhard von Cremona eine Schlüsselrolle bei der Übermittlung der philosophischen Schriften von Avicenna und Al-Farabi nach Europa spielten. In dieser Zeit gelangten viele Werke Avicennas und Al-Farabis nach Europa und beeinflussten die christliche Philosophie erheblich.

Thomas von Aquin, einer der bedeutendsten Philosophen des Mittelalters, nutzte die philosophischen Konzepte Avicennas. Er integrierte viele Prinzipien der islamischen Philosophie in die christlichen Lehren und untersuchte Konzepte wie notwendige und kontingente Existenz im Zusammenhang mit dem christlichen Gottesbegriff. Diese Versöhnung von griechischer Philosophie und Christentum im Mittelalter führte zur Entstehung der Scholastik in Europa, in der die Philosophie als Werkzeug zur Erklärung religiöser und rationaler Prinzipien diente.

Wissenschaft und Medizin: Die Übertragung der Lehren von Gundischapur

Neben den philosophischen Einflüssen spielte Gundischapur auch in der Wissenschaft und Medizin eine bedeutende Rolle. Die medizinischen Lehren dieses wissenschaftlichen Zentrums wurden durch Avicenna (Ibn Sina) in die islamische Welt übertragen. Avicenna verfasste mit seinem Werk *Al-Qanun fi al-Tibb* („Kanon der Medizin"), einem der wichtigsten und bekanntesten medizinischen Werke der Menschheitsgeschichte, einen Text, der nicht nur in der islamischen Welt, sondern auch an europäischen Universitäten als Hauptquelle für die medizinische Ausbildung genutzt wurde. Dieses Buch wurde im Mittelalter an europäischen medizinischen Schulen gelehrt und hatte einen tiefgreifenden Einfluss auf die Entwicklung der medizinischen Wissenschaft im Westen.

Darüber hinaus kombinierte Avicenna neben der Medizin auch die Naturphilosophie und Alchemie (die alte Chemie) mit einem wissenschaftlichen Ansatz und integrierte empirische Wissenschaften effektiv in philosophische Lehren. Dieser wissenschaftliche Ansatz, der insbesondere in der Medizin und Chirurgie wirksam war, wurde in späteren Epochen auch in der westlichen Medizin übernommen.

Einflüsse der islamischen Philosophie auf das moderne Denken

Letztlich beeinflussten die Werke von Avicenna, Al-Farabi und anderen bedeutenden islamischen Philosophen direkt das moderne Denken in Philosophie und Wissenschaft. Konzepte wie die Beziehung zwischen Vernunft und Glauben, notwendige und kontingente Existenz sowie die Verbindung von Wissenschaft und Religion fanden Eingang in westliche philosophische Systeme und trugen zur Entwicklung von Wissenschaft und Philosophie während der Renaissance und später in der Moderne bei.

Der kreative und dynamische Raum von Gundischapur

In Gundischapur wurde Wissenschaft nicht als eine Sammlung fester Wahrheiten betrachtet, sondern als ein dynamischer und sich entwickelnder Prozess. Dieses wissenschaftliche und kulturelle Zentrum war gleichzeitig mit anderen Kulturen ein Ort des Dialogs und der Interaktion zwischen Denkern und Forschern.

Jeder Schüler, der nach Gundischapur kam, wurde als ein Entdecker betrachtet, der auf der Suche nach Wahrheit und Wissen war. Dieser Glaube führte dazu, dass eine Kultur der Forschung und des Fragens stets in diesem Zentrum vorherrschte. In Gundischapur hatte die Überzeugung, dass nichts fest oder unveränderlich sein könne, einen besonderen Stellenwert. Schüler und Forscher bemühten sich, Probleme aus verschiedenen Perspektiven zu betrachten und statt feststehende Meinungen zu akzeptieren, diese zu prüfen und zu kritisieren. Dies bedeutete eine Bewegung hin zur Wahrheit – einer Wahrheit, die stets im Prozess der Entdeckung und Neuschöpfung war.

Die Quelle der Weisheit von Gundischapur wirkte sich nicht nur innerhalb der Grenzen Persiens, sondern weltweit aus. Dieses wissenschaftliche Zentrum wurde für Schüler, Forscher und Weise aus verschiedenen Ländern zu einem Ziel der Suche und des Lernens.

Ein bleibendes Erbe

Nach dem Niedergang von Gundischapur wurde sein Erbe auf andere wissenschaftliche und kulturelle Zentren übertragen und diente als Vorbild für neue wissenschaftliche Einrichtungen. Ein herausragendes Beispiel für diesen Einfluss ist das *Haus der Weisheit* (Bayt al-Hikma) in Bagdad, das während des Abbasiden-Kalifats zu einem Zentrum des Wissens und der Übersetzung wissenschaftlicher und philosophischer Werke aus aller Welt wurde. Das Haus der Weisheit spielte eine entscheidende Rolle bei der Übertragung von Wissen in die islamische Welt durch die Übersetzung griechischer Werke und anderer philosophischer Texte ins Arabische.

Doch der Einfluss von Gundischapur beschränkte sich nicht darauf. Moderne Universitäten, die heute weltweit existieren – einschließlich in Iran, Frankreich, Deutschland und den USA –, haben auf gewisse Weise von denselben grundlegenden Prinzipien profitiert, die in Gundischapur begründet wurden. Die Entdeckung der Wahrheit, das Hinterfragen und der Austausch von Ideen waren zentrale Konzepte von Gundischapur, die später in den Grundlagen der Hochschulbildung und der wissenschaftlichen Entwicklung eine Rolle spielten.

Heute ist der Einfluss von Gundischapur überall dort spürbar, wo in der Welt über philosophische und wissenschaftliche Diskurse im Iran gesprochen wird. Dieses wissenschaftliche Zentrum förderte mit seinem Schwerpunkt auf

Toleranz, Zusammenarbeit und Meinungsaustausch die weitreichende Verankerung von Philosophie und Wissen in verschiedenen Zivilisationen.

In der heutigen Zeit setzen viele universitäre Zentren und wissenschaftliche Ausbildungen im Iran den Weg von Gundischapur fort. Beispielsweise gelten die Universitäten von Teheran, Schiraz und Isfahan als bedeutende wissenschaftliche und philosophische Zentren im Iran, die alle von diesem großen kulturellen und wissenschaftlichen Erbe beeinflusst sind. Iranische Studenten und Forscher bemühen sich, unter Nutzung dieser Ansätze, Wissenschaft und Philosophie nicht nur innerhalb der Grenzen Irans, sondern auch auf globaler Ebene voranzutreiben.

Letztlich lässt sich sagen, dass eine der wichtigsten Errungenschaften von Gundischapur darin bestand, zu zeigen, dass ein wissenschaftlicher Ort nicht nur ein Ort zur Bewahrung von Wissen sein kann, sondern auch ein Brennpunkt für die Erleuchtung des Geistes und die Stärkung der Menschlichkeit. Tatsächlich lehrte Gundischapur den Menschen, dass Wissen nicht nur ein Werkzeug zur Beherrschung der Natur und der Welt ist, sondern ein Mittel zur Entdeckung der Wahrheit und zur Erhebung der menschlichen Seele.

Iranisches Denken in der islamischen Philosophie

In der islamischen Philosophie wurden viele ethische und kosmische Konzepte von der iranischen Weisheit inspiriert. Insbesondere die Betonung individueller Verantwortung, die Dualität von Gut und Böse sowie das Konzept der Befreiung der Seele aus der Materie sind gemeinsame Elemente in der iranischen und islamischen Philosophie. Islamische Philosophen wie Avicenna und Al-Farabi erklärten metaphysische Konzepte wie Sein, Vernunft und Seele unter Berücksichtigung der Werke Aristoteles' sowie iranischer Lehren.

Die iranische Weisheit spielte durch zoroastrische und manichäische Lehren eine grundlegende Rolle bei der Gestaltung globaler Philosophien. Die zoroastrischen Lehren mit Konzepten wie dem Kampf zwischen Gut und Böse, eschatologischen Vorstellungen und menschlicher Verantwortung beeinflussten die abrahamitischen Religionen. Die manichäische Philosophie mit ihrer Betonung der Dualität von Licht und Dunkelheit sowie der Bedeutung inneren Wissens wirkte auf die Gnosis und einige christliche

Philosophien ein. Letztlich bot die iranische Weisheit mit Konzepten wie Vernunft, Licht und Metaphysik in der sassanidischen Ära eine geeignete Grundlage für die Entwicklung der islamischen Philosophie, deren Einflüsse in den Werken islamischer Philosophen deutlich erkennbar sind.

Die Islamische Periode: Der Beginn der Philosophie im Islamischen Iran

Die islamische Periode in Iran, die im 7. Jahrhundert nach der Eroberung durch die Araber begann, stellt eine äußerst wichtige Phase in der Geschichte der Philosophie dar. In dieser Zeit blühte die islamische Philosophie in Iran auf. Sie wurde nicht nur von griechischen und persischen Lehren beeinflusst, sondern entwickelte sich auch zu einer eigenständigen und komplexen Philosophie. Diese Philosophie vereinte islamische religiöse Konzepte mit dem philosophischen Erbe der Griechen, insbesondere von Platon und Aristoteles. Große iranische Philosophen wie al-Farabi, Avicenna (Ibn Sina), Suhrawardi und Nasir al-Din Tusi spielten eine zentrale Rolle in der Entwicklung dieser Philosophie.

Al-Farabi: Der Begründer der islamischen Philosophie

Al-Farabi (872-950 n. Chr.) gilt als einer der ersten großen islamischen Philosophen. Er wurde stark von Platon und Aristoteles beeinflusst und verband deren Lehren mit islamischen Ideen. Al-Farabi hinterließ bedeutende Werke in den Bereichen Metaphysik, Logik, Politik und Ethik.

Die ideale Gesellschaft

Eines der wichtigsten Konzepte in Farabis Philosophie ist die Idee der idealen Gesellschaft, inspiriert von Platon und Aristoteles. Farabi glaubte, dass die ideale Gesellschaft von einem Philosophen-König regiert werden sollte – einer Person, die sowohl die Weisheit als auch die Fähigkeit besitzt, das soziale Wohlergehen zu sichern.

Farabis Metaphysik

In der Metaphysik betonte Farabi die Theorie von Ursache und Wirkung und betrachtete die Existenz als die zentrale Grundlage der Erkenntnis. Er war überzeugt, dass alle existierenden Dinge letztlich auf ein notwendiges Sein (Gott) zurückgeführt werden müssen, aus dem sich die gesamte Existenz ableiten lässt.

Avicenna (Ibn Sina): Ein umfassendes philosophisches System

Avicenna (980-1037 n. Chr.) war der größte iranische Philosoph und einer der einflussreichsten Denker der Philosophiegeschichte. Er schuf ein umfassendes philosophisches System, das die griechische Philosophie, insbesondere die Lehren von Aristoteles und den Neuplatonikern, mit islamischer Theologie verband. In seinen Werken „Kitab al-Shifa" und „al-Najat" versuchte er, islamische Philosophie durch rationale und empirische Argumentation systematisch zu erklären.

Metaphysische Theorien

In der Metaphysik führte Avicenna tiefgründige Konzepte wie Existenz und Wesen ein. Er war der Ansicht, dass alles Sein seinen Ursprung im notwendigen Sein (Gott) hat und dass jedes existierende Ding in Bezug auf sein Wesen und seine Wahrheit nur im Licht der göttlichen Existenz verstanden werden kann.

Ethik und Erkenntnistheorie

In der Ethik betonte Avicenna die Bedeutung von Vernunft und Weisheit für das menschliche Glück. Der Mensch sollte durch den Gebrauch seines Verstandes und die Befolgung ethischer Prinzipien geistige und erkenntnistheoretische Vollkommenheit erlangen.

Suhrawardi: Die Philosophie der Erleuchtung

Suhrawardi (1155-1191 n. Chr.) begründete die sogenannte „Philosophie der Erleuchtung" (Hikmat al-Ishraq), eine spirituell und mystisch geprägte Philosophie. Im Gegensatz zu Avicenna, der stark auf rationale Argumentation setzte, betonte Suhrawardi die Bedeutung innerer und intuitiver Erfahrungen zur Erkenntnis der Wahrheit.

Lichtlehre und die Philosophie der Erleuchtung

Suhrawardi war überzeugt, dass das gesamte Sein aus Licht hervorgeht und alle Dinge durch dieses Licht miteinander verbunden sind. Wahre Weisheit erlange man nicht nur durch Vernunft, sondern vor allem durch spirituelle Schau und mystische Erfahrung. Während andere islamische Philosophen die Logik betonten, rückte Suhrawardi die spirituelle Erkenntnis in den Vordergrund.

Nasir al-Din Tusi: Die Weiterentwicklung der Peripatetischen Philosophie

Nasir al-Din Tusi (1201-1274 n. Chr.) war einer der größten islamischen Philosophen und Mathematiker. Er hinterließ bedeutende Werke in verschiedenen wissenschaftlichen und philosophischen Disziplinen.

Einfluss auf die Peripatetische Philosophie

Nasir al-Din Tusi entwickelte die peripatetische Philosophie (Masha'i), die auf Aristoteles und Avicenna zurückgeht, weiter. In der Metaphysik und Naturphilosophie brachte er neue Ansätze ein und passte viele aristotelische Konzepte an die wissenschaftlichen Erkenntnisse seiner Zeit an. In der Ethik arbeitete Tusi intensiv an der praktischen Ethik und deren Verbindung zu religiösen Lehren.

Beiträge zur Mathematik und Logik

Auch in Mathematik und Logik hinterließ Tusi bedeutende Werke, wie etwa das Buch „al-Burhan" zur Logik und das Buch „al-Ijtima" zur Mathematik, die einen großen Einfluss auf die Wissenschaften in der islamischen Welt und sogar im Westen hatten.

Die Safawidenzeit und die Philosophie von Mulla Sadra

Die Safawidenzeit (1501-1736 n. Chr.) war eine der wichtigsten kulturellen und philosophischen Epochen in Iran. In dieser Zeit erlebten Kultur, Kunst, Politik und Philosophie eine bemerkenswerte Blüte. Die islamische Philosophie erreichte in dieser Phase, geprägt von theologischen, mystischen und kulturellen Entwicklungen, eine neue Höhe. Der bedeutendste Philosoph dieser Epoche war Mulla Sadra (1571-1640 n. Chr.), der mit seiner „Transzendenten Theosophie" (Hikmat al-Muta'aliyah) eine zentrale Rolle in der Weiterentwicklung der islamischen und iranischen Philosophie spielte.

Mulla Sadra und die Transzendente Theosophie

Mulla Sadra verband in seiner Philosophie die Lehren von Aristoteles, Platon, Avicenna und Suhrawardi mit mystischen und theologischen Prinzipien des Islam und begründete die „Transzendente Theosophie". Dieses System wurde nicht nur in Iran und der islamischen Welt einflussreich, sondern bildete auch eine Brücke zwischen griechischer Philosophie, islamischer Theologie und islamischer Mystik.

Das Prinzip der substantiellen Bewegung

Ein zentrales Element in Mulla Sadras Philosophie ist das Prinzip der „substantiellen Bewegung" (al-haraka al-jawhariyya). Er argumentierte, dass Wandel und Transformation ein wesentlicher Bestandteil des Wesens aller Dinge sind. Dies bedeutet, dass alle Wesen nicht nur in Raum und Zeit, sondern auch in ihrem inneren Wesen einer ständigen Veränderung unterliegen. Damit betonte er eine dynamische und evolutionäre Sicht auf die Existenz.

Die Einheit von Erkennendem und Erkanntem

Ein weiteres Schlüsselkonzept ist die Einheit von Erkennendem und Erkanntem. Mulla Sadra entwickelte die Theorie, dass der Erkennende (der Wissende) und das Erkannte (der Gegenstand der Erkenntnis) im Prozess der Erkenntnis miteinander verschmelzen. Dies war ein radikaler Bruch mit der klassischen Erkenntnistheorie, die von einer Trennung zwischen Subjekt und Objekt ausging.

Verschmelzung von Philosophie, Mystik und Theologie

Mulla Sadra verband Philosophie, Mystik und Theologie zu einem neuen philosophischen Ansatz. Inspiriert von islamischer Mystik betonte er, dass die Wahrheit nicht nur durch rationale Argumente, sondern auch durch innere mystische Erfahrung zugänglich sei. Er stand stark unter dem Einfluss von Suhrawardi und Ibn Arabi.

Bedeutung und Wirkung der Philosophie Mulla Sadras

Die Philosophie Mulla Sadras wurde zu einer der einflussreichsten philosophischen Strömungen in Iran und der islamischen Welt. Spätere

Denker wie Mulla Hadi Sabzawari und Allameh Tabatabai bauten auf seinen Ideen auf und entwickelten sie weiter. Auch wenn sein Einfluss primär in der islamischen Welt blieb, finden sich in westlichen philosophischen Strömungen – insbesondere in der Existenzphilosophie – Parallelen zu einigen seiner Konzepte.

Kapitel Fünf: Die Welt an der Schwelle zur Moderne

Die Geschichte der zeitgenössischen Philosophie: Der Weg zu neuem Denken

Die zeitgenössische Philosophie begann Ende des 19. und Anfang des 20. Jahrhunderts und markiert einen grundlegenden Wandel in der philosophischen Herangehensweise. Im Gegensatz zur traditionellen Philosophie, die oft nach absoluter und allgemeingültiger Wahrheit suchte, betont die zeitgenössische Philosophie Relativität, Kritik und Reflexion über zentrale Begriffe wie Wahrheit, Existenz und Sprache.

Diese Philosophie wurde stark von den sozialen, politischen und wissenschaftlichen Entwicklungen der Moderne beeinflusst. Sie versucht, Antworten auf die neuen Herausforderungen der modernen Welt zu geben: von technologischen Revolutionen bis hin zu Identitätskrisen und ökologischen Katastrophen.

Phänomenologie: Eine Reise ins Innere

Edmund Husserl entschied sich, die Philosophie von Grund auf neu zu beginnen – ausgehend von der reinen Erfahrung, frei von Vorannahmen. So entstand die Phänomenologie, eine Reise ins Bewusstsein, um die Dinge so zu verstehen, wie sie wirklich sind.

Doch sein Schüler, Martin Heidegger, erweiterte diesen Weg. Er sagte: „Bewusstsein existiert nicht isoliert; wir leben in einer Welt voller Seiendes." Mit seinem Meisterwerk Sein und Zeit versuchte Heidegger, die Bedeutung von Sein zu erfassen – als wollte er die Zeit bezwingen und das Sein neu definieren.

Sprache: Spiegel oder Gefängnis?

Auf der anderen Seite Europas dachte Ludwig Wittgenstein über das Schweigen der Sprache nach. Zunächst sagte er: „Die Sprache ist die Grenze der Welt; worüber man nicht sprechen kann, darüber muss man schweigen." Jahre später sah er sich jedoch in einem neuen Spiegel und erklärte: „Sprache ist ein Spiel. Die Bedeutung der Worte liegt in ihrer Verwendung."

Mit seinen beiden Hauptwerken, dem Tractatus logico-philosophicus und den Philosophischen Untersuchungen, zeigte Wittgenstein, dass Sprache uns sowohl zur Wahrheit führen als auch gefangen nehmen kann.

Existenzialismus: Der Schrei nach Freiheit in der Leere

In Zeiten von Krieg und Chaos spazierten Jean-Paul Sartre und Simone de Beauvoir durch Paris und sprachen über Freiheit. Sartre sagte: „Wir sind zur Freiheit verurteilt." Er erinnerte die Menschen daran, dass das Leben keine vorgegebene Bedeutung hat – wir selbst sind es, die dieser Bedeutung geben.

Gleichzeitig brachte de Beauvoir die Stimme der Frauen in die Philosophie ein und sagte: „Man wird nicht als Frau geboren, man wird zur Frau gemacht." Der Existenzialismus war ein Schrei gegen jede Form von Determinismus – für die Wahl und die Schaffung des Selbst.

Logische Analyse: Philosophie als exakte Wissenschaft

In den stillen Bibliotheken arbeiteten Bertrand Russell und Alfred North Whitehead an ihrem monumentalen Werk Principia Mathematica. Sie wollten die Philosophie auf die Genauigkeit der Mathematik bringen.

Willard Quine und Alfred Ayer gingen noch weiter: Sprache und Logik sollten die zentralen Werkzeuge der Philosophie sein. Ihr Credo: „Was nicht klar gesagt werden kann, ist bedeutungslos." Diese Philosophen waren wie Architekten, die das Gebäude der Philosophie aus den Bausteinen der Logik errichteten.

Neue Fragen, neue Wege

Mit großen Schritten betrat die Philosophie neue Territorien. Hilary Putnam stellte Geist und Maschine auf eine intellektuelle Waage und fragte: „Ist unser Geist nichts anderes als eine hochkomplexe Maschine?"

Charles Taylor dachte über Identität und Ethik in der modernen Welt nach und sagte: „Wir leben in einer Zeit, in der wir unsere eigenen Quellen der Bedeutung finden müssen."

Philosophen wie Donald Davidson und Gilbert Ryle fragten: „Sind Geist und Körper getrennt – oder leben beide in einer gemeinsamen Welt?"

Zentrale Merkmale der zeitgenössischen Philosophie

1. Wandel im Wahrheits- und Seinsbegriff

Statt einer absoluten, universellen Wahrheit betrachtet die zeitgenössische Philosophie Wahrheit als vielschichtig, veränderlich und sozial-kulturell bedingt. Diese Perspektive führte zu einer Neubestimmung von Konzepten wie Sein und Bedeutung. Philosophen wie Heidegger und Sartre untersuchten das menschliche Dasein als dynamischen, sich stets bildenden Prozess.

2. Sprache und Bedeutung im Fokus

Die Rolle der Sprache in unserer Welterfahrung ist ein Schlüsselthema der zeitgenössischen Philosophie. Philosophen wie Wittgenstein, Frege und Austin glaubten, dass viele philosophische Probleme aus sprachlichen Missverständnissen resultieren und durch Sprachanalyse gelöst werden können.

3. Kritik an Moderne und Machtstrukturen

Besonders in postmodernen Strömungen kritisiert die zeitgenössische Philosophie die Moderne, den Fortschrittsglauben und die Machtstrukturen.

Foucault und Derrida analysierten Geschichte und Sprache, um die Mechanismen der Macht und Kontrolle offenzulegen.

4. Verbindung zu Wissenschaft und Technologie

Die wissenschaftlich-technischen Entwicklungen des 20. Jahrhunderts spielten eine zentrale Rolle in der Philosophie. Denker wie Popper und Kuhn betrachteten die Wissenschaft als dynamischen, veränderbaren Prozess und betonten die Wechselwirkung zwischen Wissenschaft, Gesellschaft und Philosophie.

Hauptströmungen der zeitgenössischen Philosophie

1. Analytische Philosophie

Diese Strömung, besonders verbreitet in englischsprachigen Ländern, konzentriert sich auf die logische Analyse von Sprache und die Untersuchung wissenschaftlicher und semantischer Konzepte. Russell, Frege und Wittgenstein sind zentrale Figuren dieser Richtung.

2. Phänomenologie und Existenzialismus

Unter der Führung von Edmund Husserl erforschte die Phänomenologie die unmittelbaren Erlebnisse und das Bewusstsein. Der Existenzialismus, mit Denkern wie Heidegger und Sartre, fragte nach dem Sinn des Lebens, Freiheit und Verantwortung.

3. Postmoderne und Dekonstruktion

Die Postmoderne kritisiert die großen Erzählungen, absolute Wahrheiten und Machtstrukturen. Jacques Derrida, Michel Foucault und Jean Baudrillard entwickelten Konzepte wie Dekonstruktion, Diskursanalyse und Simulation.

4. Kritische Theorie und die Frankfurter Schule

Angeführt von Adorno, Horkheimer und Habermas verband diese Richtung Marxismus und Psychoanalyse, um Kultur, Medien und die moderne Gesellschaft kritisch zu analysieren und den Kapitalismus und seine Ideologien zu hinterfragen.

Zentrale Themen der zeitgenössischen Philosophie

1. Mensch und Technologie

Die Auswirkungen der Technik auf das menschliche Leben, Ethik und Identität sind ein zentrales Thema – von Heidegger bis Habermas.

2. Ökologische Krise

Viele zeitgenössische Philosophen thematisieren die Umweltkrise und die zerstörerische Beziehung des Menschen zur Natur – ein wichtiger Aspekt der Umweltphilosophie.

3. Identität, Geschlecht und Kultur

Besonders in feministischen und kulturwissenschaftlichen Ansätzen wird Identität, Geschlecht und kulturelle Differenz philosophisch untersucht. Simone de Beauvoir und Judith Butler sind hier zentrale Stimmen.

4. Ideologiekritik und moderne Politik

Philosophen wie Hannah Arendt und Slavoj Žižek analysieren die politischen und sozialen Krisen der Gegenwart und die Bedeutung von Macht.

Tatsächlich ist die zeitgenössische Philosophie eine Brücke zwischen Vergangenheit und Zukunft – ein Ort der Reflexion über Krisen, Herausforderungen und Potenziale unserer Zeit. Trotz der Vielfalt der Strömungen und Schulen bleibt sie stets bemüht, die tiefen Fragen des Menschen über Sein, Sinn, Ethik und Gesellschaft zu beantworten. In diesem Sinne ist die Geschichte der zeitgenössischen Philosophie nicht nur die Erzählung von Ideen, sondern auch ein Spiegel des Lebens in einer komplexen und sich ständig wandelnden Welt.

Die Philosophie der Spätmoderne (Ende des 19. Jahrhunderts)

In dieser Epoche begannen viele Philosophen, die Grundlagen der Moderne kritisch zu hinterfragen:

Friedrich Nietzsche (1844-1900)

Friedrich Nietzsche, Philosoph, Dichter und Denker, gehört zu den einflussreichsten Figuren der modernen Philosophie. Seine Werke und Ideen haben nicht nur die Philosophie, sondern auch die Literatur, Kunst, Psychologie und Sozialwissenschaften tief geprägt. Mit seiner radikalen Kritik an Philosophie, Religion und Moral des Westens eröffnete er einen völlig neuen Blick auf die grundlegenden Konzepte des Lebens.

Kurze Biografie

Nietzsche wurde am 15. Oktober 1844 in Röcken, Deutschland, geboren. Er studierte Theologie und klassische Philologie an den Universitäten Bonn und Leipzig. Bereits 1869, im Alter von nur 24 Jahren, wurde er Professor für klassische Philologie an der Universität Basel in der Schweiz. Ab den 1870er Jahren zog er sich wegen Krankheit und psychischer Belastung aus dem akademischen Leben zurück und lebte zunehmend zurückgezogen. Nietzsche starb am 25. August 1900 an den Folgen seiner schweren Nervenkrankheit.

Zentrale Ideen und Werke von Nietzsche

Der Wille zur Macht (Der Wille zur Macht)

Nietzsche war überzeugt, dass der eigentliche Antrieb allen Lebens nicht das Überleben oder das Streben nach Lust ist (wie Darwin oder Freud behaupteten), sondern der „Wille zur Macht" – der Drang zu Schöpfung, Überwindung und Selbstverwirklichung.

Der Tod Gottes (Gott ist tot)

Mit diesem berühmten Satz beschrieb Nietzsche die spirituelle und moralische Krise der Moderne. Wissenschaft, Aufklärung und Säkularisierung hätten den Glauben an Gott untergraben – und die Menschheit müsse neue Werte erschaffen, um diese Lücke zu füllen.

Der Übermensch (Übermensch)

Nietzsches „Übermensch" ist ein Mensch, der die traditionellen Werte überwindet und neue Werte schafft, die aus eigener schöpferischer Kraft entspringen. Anstatt sich seinem Schicksal zu beugen, gestaltet der Übermensch das Leben aktiv nach seinem eigenen Willen.

Die ewige Wiederkehr (Ewige Wiederkunft)

Nietzsche entwickelte die Idee, dass unser Leben sich unendlich oft genauso wiederholen könnte. Mit diesem Gedanken forderte er die radikale Bejahung des Lebens – jede Handlung sollte so gewählt werden, dass man sie für alle Ewigkeit wiederholen könnte.

Kritik der traditionellen Moral

Nietzsche sah die traditionelle Moral als „Sklavenmoral" – ein System, das von Schwachen erfunden wurde, um die Starken einzuschränken. Er setzte dem die „Herrenmoral" entgegen, die auf Macht, Kreativität und Selbstüberwindung gründet.

Wichtige Werke

• Also sprach Zarathustra: Ein philosophisch-poetisches Werk, in dem Nietzsche seine zentralen Konzepte wie den Übermenschen, die ewige Wiederkehr und den Tod Gottes literarisch verarbeitet.

• Jenseits von Gut und Böse: Eine radikale Kritik der traditionellen Moral und der westlichen Metaphysik.

• Zur Genealogie der Moral: Eine historische Untersuchung über die Ursprünge der Moral in Gesellschaft und Kultur.

• Die fröhliche Wissenschaft: In diesem Werk taucht erstmals die Idee vom „Tod Gottes" auf.

• Die Geburt der Tragödie: Eine Auseinandersetzung mit Kunst, Tragödie und der ästhetischen Dimension des Lebens.

Einfluss und Vermächtnis

• Moderne Philosophie: Nietzsche wurde zum Vorläufer vieler Strömungen der zeitgenössischen Philosophie, insbesondere des Existenzialismus und Postmodernismus.

• Kunst und Literatur: Schriftsteller wie Dostojewski, Kafka und Thomas Mann wurden stark von Nietzsche beeinflusst.

• Psychologie: Seine Ideen hatten tiefgreifende Auswirkungen auf Freud, Jung und die Existenzpsychologie.

• Politik und Ideologie: Nietzsches Konzept des Übermenschen wurde von den Nationalsozialisten missbraucht, obwohl Nietzsche selbst keinerlei Verbindung zu dieser Ideologie hatte.

Kritik an Nietzsche

Einige Kritiker werfen Nietzsche Pessimismus und Amoralität vor. Seine Ideen wie der „Wille zur Macht" und der „Übermensch" wurden manchmal auf gefährliche Weise interpretiert.

Nietzsches Schreibstil – eine Mischung aus Poesie und Philosophie – ist zwar ästhetisch beeindruckend, kann aber für Leser schwer verständlich sein.

Mit seinen grundlegenden Fragen über Leben, Moral und Werte spielte Nietzsche eine zentrale Rolle bei der Entwicklung der modernen Philosophie. Er war überzeugt, dass der Mensch den Mut haben sollte, eigene Werte zu schaffen, anstatt bestehende unkritisch zu übernehmen. Nietzsche bleibt bis heute eine inspirierende und kontroverse Figur der Philosophiegeschichte.

Mit der Verkündung des „Todes Gottes" stellte er die Grundlagen der traditionellen Ethik und Metaphysik in Frage. Er entwickelte Konzepte wie den Willen zur Macht und den Übermenschen.

Seine Analysen des Kapitalismus und des Begriffs der Entfremdung beeinflussten die politische und soziale Philosophie nachhaltig.

Sigmund Freud (1856-1939)

Begründer der Psychoanalyse, der die zentrale Rolle des Unbewussten im menschlichen Verhalten und Denken hervorhob.

Philosophie im 20. Jahrhundert

Dieses Jahrhundert erlebte das Entstehen vielfältiger philosophischer Strömungen:

a) Phänomenologie und Existenzialismus

• Edmund Husserl (1859-1938): Begründer der Phänomenologie, die sich auf die bewusste Erfahrung und deren Analyse konzentrierte.

• Jean-Paul Sartre (1905-1980): Vertreter des Existenzialismus, der Freiheit und individuelle Verantwortung in den Mittelpunkt stellte.

• Martin Heidegger (1889-1976): Definierte zentrale Begriffe wie „Sein" und „Zeit" neu und thematisierte die Sinnkrise der Moderne.

b) Analytische Philosophie

• Bertrand Russell (1872-1970) und Ludwig Wittgenstein (1889-1951): Betonung der Sprach- und Logikanalyse; sie brachten die Philosophie näher an die Wissenschaft heran.

• Diese Strömung war vor allem im englischsprachigen Raum (Großbritannien, USA) dominant.

c) Strukturalismus und Poststrukturalismus

• Claude Lévi-Strauss (1908-2009): Begründete den Strukturalismus, der Kultur und Sprache als sinnstiftende Systeme betrachtete.

• Michel Foucault (1926-1984): Analysierte Macht, Wissen und Diskurse in Geschichte und Gesellschaft.

• Jacques Derrida (1930-2004): Begründer der Dekonstruktion, die klassische philosophische Konzepte kritisch hinterfragt.

Zeitgenössische Philosophie (ab 1970 bis heute)

In dieser Phase wird die Philosophie mit neuen Themen und globalen Herausforderungen konfrontiert:

a) Poststrukturalismus und Postmoderne

• Jean-François Lyotard (1924-1998): In seinem Werk „Das postmoderne Wissen" erklärte er das Ende der großen Erzählungen und den Aufstieg kultureller und intellektueller Vielfalt.

• Richard Rorty (1931-2007): Vertreter des neopragmatistischen Denkens, das die Bedeutung von interkulturellem Dialog und pluralistischem Denken hervorhebt.

b) Politische und soziale Philosophie

• Jürgen Habermas (1929-): Entwickelte die Theorie des kommunikativen Handelns, die die Rolle von Dialog und Verständigung in der Gesellschaft untersucht.

• Giorgio Agamben und Zygmunt Bauman: Analysierten die menschliche Situation in der modernen Welt, insbesondere Themen wie Globalisierung, Migration und Heimatlosigkeit.

c) Ethik und Umweltphilosophie

• Philosophen wie Peter Singer widmeten sich praktischer Ethik, Tierrechten und Umweltkrisen.

d) Wissenschafts- und Technikphilosophie

• Bruno Latour (1947-2022): Entwickelte die Akteur-Netzwerk-Theorie, die die Beziehung zwischen Mensch, Technik und Gesellschaft untersucht.

• Philosophische Fragen im Zusammenhang mit Künstlicher Intelligenz, Bioinformatik und Klimawandel gehören ebenfalls zu den zentralen Themen.

Merkmale der zeitgenössischen Philosophie

1. Vielfalt der Themen: Die zeitgenössische Philosophie konzentriert sich weniger auf klassische Metaphysik und mehr auf soziale, politische und ökologische Fragen.

2. Interaktion mit den Wissenschaften: Die Philosophie arbeitet zunehmend mit Disziplinen wie Psychologie, Physik und Biologie zusammen.

3. Globalisierung: Nicht-westliche Philosophien (z. B. islamische, indische und chinesische Philosophie) gewinnen an Bedeutung.

4. Pragmatische Ausrichtung: Viele Philosophen beschäftigen sich nicht nur mit theoretischen Fragen, sondern auch mit konkreten Problemen der Menschheit.

Insgesamt versucht die Philosophie der Gegenwart, Antworten auf die grundlegenden Herausforderungen der modernen Welt zu finden – von Identitätskrisen über soziale Gerechtigkeit bis hin zu den Auswirkungen der Technologie.

Zeitgenössische Philosophie: Ein Garten vielfältiger Gedanken

Die zeitgenössische Philosophie gleicht einem Garten, in dem jeder Zweig in eine andere Richtung wächst. Die Philosophen dieser Epoche folgen nicht einem einzigen Pfad, sondern vielen. Mal kritisieren sie die Tradition, mal bauen sie neue Systeme auf, mal schauen sie introspektiv in den Spiegel.

Diese Geschichte ist noch nicht zu Ende, denn die zeitgenössische Philosophie bleibt die Geschichte des Fragens und Suchens – die Geschichte von Menschen, die im Dunkel ihrer eigenen Fragen eine Lampe entzünden.

Islamische Philosophie in der Moderne

In der modernen Zeit blieb die islamische Philosophie eine der wichtigsten intellektuellen Strömungen im Iran. Nach der Safawiden-Ära und unter dem Einfluss westlicher philosophischer Literatur suchten iranische Philosophen nach einer Synthese aus islamischer Tradition und modernen Konzepten.

Einer der prominentesten zeitgenössischen islamischen Philosophen war Allameh Mohammad Hossein Tabataba'i.

Mohammad Hossein Tabataba'i (1903-1981)

Tabataba'i gilt als eine der bedeutendsten Figuren der modernen islamischen Philosophie. Er spielte eine zentrale Rolle bei der Weiterentwicklung der islamischen Philosophie, insbesondere in den Bereichen Theologie und Metaphysik.

Er war stark von Mulla Sadra beeinflusst und verfasste wichtige Werke zur „Transzendenten Theosophie" (Hikmat al-Muta'aliyah). Seine Bücher, wie „Nihayat al-Hikmah" und die philosophische Koranexegese „Tafsir al-Mizan", sind Beispiele für seine Bemühungen, die islamische Philosophie in die Moderne zu führen.

Neben der islamischen Philosophie setzte sich Tabataba'i kritisch mit westlicher Philosophie auseinander und schlug Ansätze zur Versöhnung

traditioneller iranischer Philosophie mit modernen intellektuellen
Entwicklungen vor.

Philosophen und die Analyse der Moderne

Die iranische Philosophie der Moderne wurde stark von der
Auseinandersetzung mit „Modernität" und westlichem Denken geprägt. Viele
prominente iranische Denker analysierten Fragen der iranischen Identität, der
Modernisierung und des Verhältnisses zwischen Tradition und Moderne.

Besonders in Zeiten politischer und sozialer Umbrüche gewannen diese
Themen an Bedeutung. Solche Analysen führten zur Entstehung neuer
intellektueller Strömungen im Iran, die die Verbindung zwischen
traditionellem islamischen Denken und westlicher Philosophie betonten.

Die zeitgenössische Philosophie Irans

Die moderne Philosophie Irans (vom späten 19. Jahrhundert bis heute) hat
tiefgreifende Wandlungen erfahren, die durch die Interaktion mit westlichen
Denkrichtungen sowie durch neue soziale, kulturelle und politische
Herausforderungen geprägt wurden. In dieser Zeit geriet das iranische
Denken stark unter den Einfluss der Moderne und westlicher Philosophie,
während einige iranische Denker gleichzeitig versuchten, traditionelle und
islamische Konzepte zu bewahren und neu zu interpretieren. Diese Epoche ist
eine komplexe und facettenreiche Phase, die von vielfältigen intellektuellen
Bestrebungen begleitet wurde, auf die wir im Folgenden eingehen.

Ehsan Naraghi (1924–2018)

Ehsan Naraghi war einer der bedeutendsten zeitgenössischen Denker Irans.
Er beschäftigte sich intensiv mit den kulturellen und sozialen Problemen des
Landes und den Auswirkungen der Moderne. In seinen Werken betonte er die
Notwendigkeit des Dialogs zwischen der iranischen und der westlichen

Kultur und versuchte, die kulturellen und sozialen Herausforderungen Irans im Spannungsfeld von Tradition und Moderne zu analysieren. Naraghi war der Ansicht, dass Iran seine traditionellen Werte bewahren sollte, während es sich gleichzeitig der Moderne nicht verschließen dürfe. Seine Werke zählen zu den wichtigsten philosophischen Analysen der Moderne in Iran.

Daryush Shayegan (1935–2018)

Auch Daryush Shayegan war einer der herausragenden Philosophen Irans, der sich mit den Auswirkungen der Moderne auf die iranische Kultur und Philosophie auseinandersetzte. Er untersuchte die Beziehung zwischen Iran und dem Westen sowie die Entstehung der iranischen Identität in der modernen Welt. Shayegan war überzeugt, dass Iran für eine echte Entwicklung zu einer „Rückkehr zu sich selbst" finden müsse, während es sich gleichzeitig mit der Moderne auseinandersetzt. Seine kritischen Analysen zur Moderne und deren negativen Auswirkungen auf traditionelle Kulturen sind wegweisend. Seine Werke zählen zu den zentralen Schriften über politische und soziale Philosophie sowie zur Kritik der Moderne in Iran.

Seyed Javad Tabatabai

Seyed Javad Tabatabai ist ein weiterer einflussreicher zeitgenössischer Denker Irans, der sich intensiv mit Philosophie und Politik auseinandersetzte. Er analysierte die Identitätsprobleme Irans und deren Verbindung zur Moderne und Tradition. In seinen Werken entwickelte er eine philosophische Analyse der iranischen Identitätskrise in der Moderne. Tabatabai kritisierte die Versuche Irans, die Moderne in westlicher Form unreflektiert zu übernehmen, und suchte nach Wegen, Tradition und Moderne in der iranischen Kultur zu verbinden. Zu seinen wichtigsten Werken zählen „Einführung in die Geschichte der politischen Philosophie" und „Iran und die Moderne".

Interaktion der traditionellen iranischen Philosophie mit der westlichen Philosophie

Die moderne Epoche in Iran lässt sich als eine Zeit der intensiven Interaktion und Konfrontation zwischen traditioneller iranischer Philosophie und westlicher Philosophie beschreiben. Westliche Denkrichtungen wurden durch die Übersetzung von Werken wie Descartes, Kant, Hegel, Marx und Nietzsche in Iran eingeführt und führten zu neuen philosophischen Debatten. Viele iranische Philosophen versuchten, diese philosophischen Konzepte mit iranisch-islamischen Traditionen zu verbinden und neue Perspektiven in Ethik, Politik und Erkenntnistheorie zu entwickeln.

Die moderne iranische Philosophie ist ein fruchtbares Ergebnis der Wechselwirkung zwischen traditioneller iranischer Philosophie und westlichem Denken. Denker wie Mohammad Hossein Tabatabai, Ehsan Naraghi, Daryush Shayegan und Seyed Javad Tabatabai analysierten die Moderne, die Identität und das Verhältnis zwischen Tradition und Moderne. Ihre Werke zeigen die enge Verbindung zwischen islamisch-iranischer Philosophie und globalen Denkströmungen sowie die Bemühungen zur Bewahrung und Weiterentwicklung der kulturellen Identität Irans in der modernen Welt.

Globale Einflüsse

Die iranische Philosophie, von den Lehren Zarathustras bis zu den Theorien von Mulla Sadra, hatte immer tiefgreifende Auswirkungen auf die islamische Philosophie und sogar auf das westliche Denken. Heute gehört die kritische Wiederaneignung dieses Erbes und die Entwicklung neuer Perspektiven zu den zentralen Elementen der iranischen philosophischen Identität in der modernen Welt.

Von der Antike bis zur Gegenwart hat die iranische Philosophie vielfältige Einflüsse auf andere philosophische Traditionen ausgeübt, darunter die islamische und die westliche Philosophie. Diese Einflüsse zeigen sich in ethischen, metaphysischen, theologischen und sozialen Konzepten und haben die philosophische Identität Irans auch auf globaler Ebene mitgeprägt. Diese Wirkung setzt sich bis heute fort – in Form von neuen Interpretationen und kritischen Auseinandersetzungen mit dem eigenen philosophischen Erbe.

Einfluss auf die islamische Philosophie

Die iranische Philosophie, sowohl in der vorislamischen Zeit als auch nach der Islamisierung, prägte die islamische Philosophie maßgeblich. Zoroastrische Konzepte wie der Dualismus von Gut und Böse sowie Vorstellungen von Gerechtigkeit, Ethik und kosmischer Ordnung flossen in die islamische Philosophie ein. Auch manichäische und mazdaistische Lehren beeinflussten gnostische und theologische Strömungen innerhalb des Islams.

In der islamischen Epoche griffen bedeutende Denker wie Farabi, Avicenna, Suhrawardi und Mulla Sadra auf iranische Denktraditionen zurück und entwickelten ihre philosophischen Werke auf diesem Fundament weiter. Farabi und Avicenna kombinierten etwa griechische und iranische Philosophie, während zoroastrische Ideen in ihre metaphysischen und theologischen Konzepte einflossen.

Einfluss auf die westliche Philosophie

Die iranische Philosophie wirkte bereits in der Sassanidenzeit auf die westliche Philosophie ein, insbesondere durch den kulturellen Austausch zwischen Iran und Griechenland. Dies zeigt sich unter anderem im Einfluss der Gnosis auf das frühe Christentum in Europa. Diese gnostischen Strömungen wurden stark von iranischen Denkansätzen, insbesondere dem Manichäismus, beeinflusst.

Im Mittelalter gelangten die Werke von Farabi und Avicenna in lateinischer Übersetzung nach Europa und beeinflussten die Scholastik erheblich – insbesondere Thomas von Aquin und andere christliche Denker des Mittelalters. Ihre Debatten über Metaphysik, Erkenntnistheorie und die Seele fanden direkten Eingang in die westliche Philosophie.

Auch in der Neuzeit wirkte die iranische Philosophie fort. Die mystischen und lichtphilosophischen Ideen von Suhrawardi etwa beeinflussten neuplatonische Strömungen in Europa und sogar moderne Denker wie Martin Heidegger.

Einfluss auf moderne Denkschulen

In der Gegenwart betonen iranische Denker wie Mohammad Hossein Tabatabai, Daryush Shayegan und Seyed Javad Tabatabai die Herausforderungen der Moderne und die Identitätsproblematik Irans in der globalisierten Welt. Ihre Arbeiten zur Kritik der Moderne und zur Interaktion zwischen Tradition und Moderne finden zunehmend internationale Beachtung.

Konzepte wie die Lichtmetaphysik (zentral bei Suhrawardi), die substantielle Bewegung (bei Mulla Sadra) und die neue Lesart der iranischen Identität im modernen Zeitalter werden umfassend erforscht und diskutiert – nicht nur in Iran, sondern auch im internationalen philosophischen Diskurs.

Die Rolle Irans bei der Entwicklung der Philosophie

Die iranische Philosophie hat nicht nur bei der Entstehung großer philosophischer Traditionen eine zentrale Rolle gespielt, sondern auch deren Weiterentwicklung und Verbreitung maßgeblich geprägt. Von den zoroastrischen und manichäischen Einflüssen bis hin zu den islamisch-iranischen Denkern hat Iran kontinuierlich die globale Philosophiegeschichte mitgeformt.

Schließlich zeigt die lange Geschichte der iranischen Philosophie – von den ethischen und theologischen Lehren Zarathustras über die metaphysischen und mystischen Theorien Mulla Sadras bis hin zu den modernen Debatten über Identität und Moderne –, dass Iran stets ein aktiver Teilnehmer und Impulsgeber im weltweiten philosophischen Diskurs war und bleibt.

Schlusswort

In diesem Buch wurde versucht, die verschiedenen Dimensionen der iranischen Philosophie – von der vorislamischen Zeit bis zur Gegenwart – zu beleuchten und ihre Einflüsse auf die islamische Philosophie sowie das westliche Denken zu analysieren. Die iranische Philosophie mit ihren tiefen und reichen Lehren hat nicht nur die Kulturen verschiedener Zivilisationen geprägt, sondern auch eine wesentliche Rolle in der Entwicklung des menschlichen Denkens gespielt. Von den grundlegenden Dualitäten der zoroastrischen Philosophie bis hin zu komplexen Konzepten wie der „wesentlichen Bewegung" und der „Einheit von Intellekt und Intelligiblem" bei Mulla Sadra – all diese Ideen spiegeln die beständige Suche des iranischen Geistes nach einem tieferen Verständnis von Natur, Mensch und Welt wider.

In der islamischen Epoche erreichte diese Philosophie unter dem Einfluss griechischer und indischer Schriften sowie durch die Weiterentwicklung islamischer Denktraditionen ihren Höhepunkt. Philosophen wie Farabi, Avicenna, Suhrawardi und Mulla Sadra prägten mit ihren Werken nicht nur die islamische Welt, sondern übten auch einen tiefgreifenden Einfluss auf die westliche Philosophie aus. In der modernen Zeit sieht sich die iranische Philosophie mit der Herausforderung der Moderne konfrontiert und setzt sich gleichzeitig intensiv mit ihrem eigenen philosophischen Erbe auseinander, um daraus neue Perspektiven für Identität und Selbstverständnis zu gewinnen.

Dieses Buch ist daher nicht nur ein historischer Überblick, sondern ein Versuch, die tiefere Rolle der iranischen Philosophie in der geistigen Entwicklung der Menschheit zu erfassen. Was sich aus diesen Betrachtungen zeigt, ist, dass die iranische Philosophie nicht nur eine historische Größe darstellt, sondern auch heute eine prägende Rolle in den globalen philosophischen und kulturellen Dialogen einnimmt.

Es bleibt die Hoffnung, dass dieses Werk einen Impuls für weitere Studien gibt und das Bewusstsein für die Bedeutung der iranischen Philosophie in der heutigen Welt stärkt – und damit neues Licht auf die kulturellen und intellektuellen Verflechtungen wirft, die die Geschichte der Menschheit ausmachen.

Am Ende dieses Buches wurde die historische Bedeutung und der besondere Platz der Philosophie im Iran hervorgehoben – von der Antike bis zur islamischen Zeit. Die iranische Philosophie war stets eine tragende Säule des menschlichen Denkens. Iranische Denker haben durch die Verschmelzung verschiedener philosophischer Strömungen neue Denksysteme geschaffen, die nachhaltige Spuren in der Geschichte des Denkens hinterlassen haben.

Die Akademie von Gundischapur war als bedeutendes wissenschaftliches und philosophisches Zentrum nicht nur ein Ort des interkulturellen Austauschs, sondern auch die Wiege neuer philosophischer und wissenschaftlicher Ideen. Iran, das stets ein Tor zwischen Ost und West war, spielte eine unverzichtbare Rolle bei der Weitergabe philosophischer und wissenschaftlicher Konzepte von einer Zivilisation zur nächsten.

Die Denksysteme großer Philosophen wie Farabi, Avicenna und Suhrawardi wirkten nicht nur in der islamischen Welt nach, sondern beeinflussten auch die westliche Philosophie und trugen zur Entstehung moderner Philosophien sowie zu einem neuen Verständnis von Wissenschaft und Existenz bei.

Dieses Buch hat gezeigt, dass die Philosophie im Iran seit jeher ein dynamischer und sich stetig weiterentwickelnder Weg war – ein Weg, der als eine der wichtigsten Quellen für interkulturellen Dialog und gegenseitiges Verständnis zwischen den Zivilisationen diente. Die Einflüsse der iranischen Philosophie, verbunden mit griechischen und islamischen Traditionen, spielen auch heute noch in den aktuellen philosophischen Diskursen eine bedeutende Rolle.

Am Ende erinnert uns die Philosophie selbst daran, dass die großen Fragen oft wichtiger sind als die Antworten. Alles, was wir auf diesem Weg lernen, ist keine absolute Wahrheit, sondern ein Echo unserer endlosen Suche nach Sinn. Vielleicht werden wir eines Tages Antworten finden – aber das

Entscheidende bleibt der Weg, der uns zu einem tieferen Verständnis von uns selbst und der Welt führt.

Gedanken gleichen einem sanften Bach, der selbst die härtesten Steine formt. Und vielleicht lernen wir Menschen genau auf diese Weise, durch die Annahme der Komplexität und Schönheit des Lebens, jenem näher zu kommen, wovor wir oft fliehen: der inneren Ruhe.

Dieses Buch hat kein Ende – denn Philosophie endet nie. Es ist nur eine Einladung: zum Weiterdenken, zum tieferen Nachsinnen und zum bewussteren Leben.

Es ist kein Schluss – es ist ein Anfang.

Quellen und Literatur

Für die Erstellung der Inhalte zu Ahura Mazda und der zoroastrischen Religion wurden zahlreiche verlässliche Quellen und klassische zoroastrische Texte sowie moderne wissenschaftliche Untersuchungen herangezogen. Die wichtigsten Quellen, die zur Vervollständigung der Informationen und zur Fundierung der Aussagen über Ahura Mazda und die zoroastrischen Lehren verwendet wurden, sind:

1. Avestische Texte

• Das Avesta: Diese heilige Schrift der Zoroastrier umfasst Gebete, historische Überlieferungen und religiöse Lehren. Besonders die Gathas – die ursprünglichen und authentisch überlieferten Texte Zarathustras – enthalten umfassende Informationen über Ahura Mazda, die Gottheiten und die ethischen Grundsätze der Religion.

• Vendidad und Yasna: Weitere Abschnitte des Avesta, die die Weltanschauung, die Schöpfungslehre und die philosophischen Perspektiven der Zoroastrier in Bezug auf Ahura Mazda erläutern.

2. Historische Texte und Interpretationen

• Schāhnāme von Ferdowsi: Dieses große literarische Werk von Ferdowsi schildert Teile der Geschichte und der Glaubensvorstellungen des alten Iran. Ahura Mazda wird darin beschrieben, und Figuren wie Key Khosrow oder Fereydun werden als Repräsentanten von Ahura Mazda dargestellt.

• Geschichte des alten Iran: Verschiedene historische Werke zur Geschichte Irans in der achämenidischen und sassanidischen Zeit, die die Rolle Ahura Mazdas in Kultur und Politik beleuchten.

3. Philosophische und religiöse Quellen

• Zoroastrische Philosophie: Forscher wie Martin Hinnes und Mary Boyce haben ausführlich über das religiöse System der Zoroastrier, die Konzepte rund um Ahura Mazda und deren Einfluss auf die westliche und östliche Kultur geschrieben.

• Das Buch "Zoroastrian Religion" von Mary Boyce: Ein Standardwerk, das die Lehren des Zoroastrismus detailliert darstellt und sich eingehend mit Ahura Mazda und dem ethischen System beschäftigt.

4. Quellen zur Ethik und Philosophie

• Ethik in der iranischen Antike: Wissenschaftler wie Arthur J. haben die ethischen Lehren der Zoroastrier und deren Einfluss auf die westliche Moralphilosophie untersucht.

• Das Buch "Zoroastrians: Their Religious Beliefs and Practices" von John Hinnells: Dieses Werk analysiert die zoroastrische Religion und ihre Entwicklung in verschiedenen Zivilisationen vor dem Islam.

5. Online-Quellen und wissenschaftliche Artikel

• Artikel auf anerkannten Plattformen: Fachartikel aus Datenbanken wie JSTOR, Google Scholar und Project MUSE wurden ebenfalls herangezogen, um verschiedene Aspekte von Ahura Mazda, den zoroastrischen Glauben und deren globale kulturelle Auswirkungen zu erforschen.

Quellen zu Ahriman und der zoroastrischen Religion

Um die Inhalte zu Ahriman und dem zoroastrischen Glauben fundiert darzustellen, wurden ebenfalls zahlreiche Quellen und Interpretationen berücksichtigt. Hier eine Auswahl der wichtigsten:

Primärquellen:

1. "The Zoroastrian Religion" – Mary Boyce

Dieses Buch gehört zu den bedeutendsten Quellen zur zoroastrischen Religion und den Konzepten rund um Ahriman und Ahura Mazda. Es liefert eine umfassende Analyse der religiösen Ideen und Mythen des alten Iran, insbesondere zum Kampf zwischen Gut und Böse.

2. "Bahman Yasna"

Dieser Teil des Avesta behandelt direkt die Rolle Ahrimans und der Dämonen. Er bietet eine tiefgehende religiöse und philosophische Perspektive auf Ahriman und die zoroastrische Sichtweise zu Gut und Böse.

3. Schāhnāme von Ferdowsi

Auch hier finden sich zahlreiche Hinweise auf Ahriman und die Dämonen, besonders in den mythischen Erzählungen über große iranische Heldenfiguren.

4. "Lexikon der Iranistik" – Jean-Marie Mohe

Ein umfassendes Nachschlagewerk über die Geschichte und Religion des alten Iran mit ausführlichen Analysen spiritueller Konzepte wie Ahriman.

Ergänzende Literatur und Forschung:

5. "Philosophie und Religion im alten Iran" – Daryush Shayegan

Dieses Buch untersucht die Verflechtung von Philosophie und Religion im alten Iran und bietet fundierte Erläuterungen zu Ahriman, Ahura Mazda und dem kosmischen Kampf.

6. "Geschichte Irans" – Vladimir Minorsky

Ein historisches Standardwerk, das unter anderem die religiösen und mythologischen Konzepte wie Ahriman und Ahura Mazda beschreibt.

7. "Mythen und Religionen im alten Iran" – E.T. Sonnein

Dieses Buch erforscht die mythologischen und religiösen Vorstellungen der iranischen Antike und beschreibt Ahriman und seine Rolle im zoroastrischen Weltbild.

8. "Philosophische Konzepte im Zoroastrismus" – Hormoz Mehnam

Diese Arbeit widmet sich der philosophischen Analyse zoroastrischer Ethik und der Rolle Ahrimans im kosmischen Kampf.

Digitale Quellen:

9. Encyclopaedia Iranica

Eine renommierte wissenschaftliche Quelle mit zahlreichen Fachartikeln über Ahriman, den Zoroastrismus und die zugehörigen mythologischen Konzepte.

Webseite: www.iranicaonline.org

10. The Zoroastrian Archives

Webseite: www.zoroastrian.org

Quellen zur Mithras-Religion (Mithraismus) in Europa

Europäische Quellen zu Mithras stammen sowohl aus der Römerzeit als auch aus modernen archäologischen Forschungen. Diese Quellen umfassen schriftliche Zeugnisse, archäologische Funde und moderne Studien, die die Verbreitung des Mithraismus von Iran nach Rom und dessen Einfluss auf die europäische Kultur und Religion beleuchten.

Antike Quellen:

1. Reliefs und Tempelinschriften aus Mithräen

Mithräen wurden im gesamten Römischen Reich entdeckt. Die bekanntesten Reliefs zeigen Mithras beim Stiertöten (Tauroctonie). Bedeutende Fundorte liegen in Rom, Ostia, Großbritannien, Deutschland und Bulgarien.

2. Römische Autoren

• Plautus, Seneca und Strabon erwähnen Mithras in ihren Werken.

• Hieronymus (Saint Jerome) zieht in seinen Schriften Parallelen zwischen Mithras-Kult und Christentum.

3. Inschriften

Zahlreiche Inschriften mit dem Namen Mithras und den Kultpraktiken wurden in römischen Tempeln gefunden – darunter am Hadrianswall (Großbritannien) und in Cumae (Italien).

Archäologische Zeugnisse:

1. Unterirdische Tempel (Mithräen)

Berühmte Fundorte sind das Mithräum unter San Clemente in Rom und der Mithras-Tempel in London.

2. Statuen und Kunstwerke

Besonders bekannt sind Darstellungen der Tauroctonie, die sich in Museen wie dem British Museum und den Vatikanischen Museen befinden.

3. Funde in Europa

Mithräen wurden u. a. in York (England), Wien (Österreich) und Köln entdeckt – ein Beleg für die weite Verbreitung dieses Kultes.

Moderne Forschung:

1. Standardwerke

• "The Mysteries of Mithras" – Franz Cumont

• "Mithras: The Fellow in the Cap" – David Ulansey

• "The Roman Cult of Mithras" – Manfred Clauss

2. Archäologische Untersuchungen

• Forschungen des British Institute of Archaeology und des Deutschen Archäologischen Instituts.

3. Vergleichende Studien

• Arbeiten, die Mithraismus mit anderen Religionen (wie Christentum und Zoroastrismus) vergleichen und kulturelle Wechselwirkungen analysieren.

© 2025 Massoud Hadjigoli
Verlag: BoD · Books on Demand GmbH, Überseering 33,
22297 Hamburg, bod@bod.de
Druck: Libri Plureos GmbH, Friedensallee 273,
22763 Hamburg
ISBN: 978-3-7693-7641-8